那些原本滋養我們的
是如何變質成了傷害

心靈毒物

發掘內在困頓，減少內耗，
找到安心的生存狀態

諮商心理師
郭彥余——著

前言
那些原本滋養我們的，是如何變質成傷害？

是滋養也是傷害

隨著科技文明的進步，人類對環境的控制力日漸增高，也擁有愈來愈多元的物質享受，特別是影視聲光娛樂唾手可得，人與人的距離也因為社群媒體的連結變得更加緊密。**這些創造與發明，本是為了滋養我們而誕生。**

現在無疑是全世界最緊密連結的一刻。尼可拉斯・卡爾達拉斯博士（Nicholas Kardaras）提到*1，每秒有七千多則推特貼文、一千三百多張照片在 Instagram 上流傳、超過兩百萬封電子郵件誕生、觀看超過十一萬九千支 YouTube 影片等。另外，每日全球的簡訊數量更高達兩百三十億則，換算下來，每年是八・三兆則。全世界有超過二十億人擁有活躍的社群媒體帳號，還有三十億人是網路上的活躍使用者。

人們的身心，理當因為這些豐沛的資源與緊密的連結而過得更加健康、充實，但是，實際的情況又是如何呢？

根據醫學調查，患有身心疾病的人逐年增加。聯合國世界衛生組織（WHO）指出，二〇二〇年須特別關注心血管疾病、憂鬱症與愛滋病這三大疾病。世界衛生組織的研究同時也提到，憂鬱症是造成人類失能的首要疾病。哈佛大學研究也指出，憂鬱症是造成人類社會整體疾病負擔前十名疾病中的第二名[*2]。

中央研究院生物醫學科學研究所鄭泰安特聘研究員研究小組的統計分析顯示[*3]，一九九〇到二〇一〇年「常見精神疾病」的盛行率中，憂鬱症患者在這二十年裡翻倍成長。一九九〇年時，憂鬱症患者比率為十一．五%，到二〇一〇年則上升至二三．八%，此倍增趨勢符合同時期的自殺率、離婚率以及全國失業率的長期走勢，兩者間有高度相關（此處的「常見精神疾病 common mental disorders」泛指非精神病—精神分裂症、妄想症、躁鬱症等—的憂鬱症和焦慮症，占所有精神疾病的百分之九十以上）。

研究員鄭泰安認為[*3]，常見精神疾病盛行率與自殺率的平行趨勢，印證了自殺防治和心理健康的促進、精神疾病的防治有高度關聯。研究結果也顯示，工業化與失業所造成的不安全感對人們心理健康造成的可能影響，希望相關政府部門在追求經濟成長的同時，能夠將心理幸福感對人們的重要性納入考量，並重視能夠增進心理健康的各種預防措施。

由此可知，人們的身心健康並沒有因為外在的物質生活進步而提升。那些看似豐富、讓人們擁有多樣性的選擇，事實上，卻成了一種過量刺激，讓人身心疲憊。

一九八〇年代，研究智商的學者詹姆士．弗林（James Flynn）發現，在上個世紀，每隔十年，人們的智商便會提高三分，因此，每十五年左右，研究者就要重新調整智商曲線，這就是所謂的**「弗林效**

應」（Flynn effect）。在全球的開發中國家都能發現這個效應，學者們研判，由於社會環境和教育的進步，才會產生這樣的效應。然而，到了一九八〇年代和一九九〇年代，歐美等國的智商成長現象趨緩，且逐步停滯，但開發中國家人民的智商仍維持上升趨勢，顯示環境的優勢達到飽和後，智商可能便會達到其效度的天花板[*8]。

到了二〇〇七年，倫敦大學國王學院的麥可．薛爾教授（Michael Shayer）和兩位同事發現到，**智商成長的趨勢開始反轉**，一九七五～二〇〇〇年間，七年級學生在科學和數學方面的智商大幅下降，只有在九〇年代曾出現一次高峰，二〇〇〇～二〇〇三年期間則是持續下滑，智商處於前十％的孩子，其智商分數都未高於一九七〇年代同齡的孩子，平均看來，甚至還落後了三年。同時也發現男孩和女孩的智商以及最高分和最低分都下降了，男孩分數下降的情形幾乎是女孩的兩倍，而男女孩之間的數學和科學差距也消失了[*8]。

許多專家推測，電視導致智商分數的第一波下滑，電腦與電玩進一步維繫了這種下滑的情形，另外，遊戲時間、閱讀時間以及活動量的減少，也可能是造成這個現象的原因之一。對此，精神科醫師醫師維多利亞．鄧可莉（Victoria L. Dunckley, MD）認為，雖然無法藉由智商瞭解健康程度，但可以將之作為衡量發育成熟的標準之一。由此可知，豐富刺激與便利的3C電子螢幕產品，在短時間內會對我們的大腦和生活運作帶來重大影響，也有研究指出，這些螢幕會有損發育，甚至導致退化*8。

日本漫畫家富樫義博的作品《幽遊白書》（幽☆遊☆白書）中，醫師神谷實意外從魔界通往人界的小洞獲得超能力，而他的超能力是任意控制大腦裡的所有生理運作。受傷時，他能指揮大腦分泌麻醉物質，不但讓他感覺不到疼痛，反而可以保持愉悅，即使受了重傷，也不會陷入昏迷，並且讓自己維持在興奮的狀態。

理論上，擁有自由操控大腦能力的神谷實，應該可以過著快樂平靜的生活。他不僅有特殊能力能隨意操控自己所有的感覺，也能夠空手執行手術、移植，甚至製造出病毒與解藥。然而，神谷實卻困於死亡議題中，他不想死於疾病或時間，因此執著於讓魔界洞穴完全開啟，讓妖怪進到人類世界，希望全人類陪葬，跟自己一起死於妖怪之手，達成「能選擇自己死亡方式」的目標。

神谷實在物質與生理上並無任何匱乏，**內心卻無法平靜，生活過得扭曲。**

神谷實映照出了現代人們的縮影。

現代科技文明的創作和知識量，對過去科技文明尚未如此發達的人們來說，幾乎就是**神技**，除了滿足生存基本需求外，更具有能夠使人產生跨越時空感受、改變身心狀態等不可思議的功能。特別是當代所創造出各種可以帶來放鬆與刺激的娛樂，從影片、社群到不斷推陳出新的手遊、電玩，透過這些多元的聲光影音娛樂，我們可以快速切換大腦的感受，前一秒還在感動落淚的狀態裡，下一秒就開懷大笑，這些原本用來豐富生活、增進我們自由操控大腦感受的發明，最後卻成了許多人無法自拔的成癮深淵。

世界衛生組織在二〇一八年，正式宣佈將「網路遊戲成癮（Gaming disorder）」納入精神疾病，並將其納入國際疾病分類第十一次修訂版（ICD-11）中。WHO將網路遊戲成癮症狀定義為：生活中以電玩為優先而忽略其他日常活動，嚴重損害包含健康、家庭、學校、工作等層面的無法控制地打電玩的行為，且持續一年以上[*4]。

英國、德國、美國的大型跨國研究指出，西方國家的網路遊戲成癮盛行率大約一%，國內的研究則顯示（國家衛生研究院群體健康科學研究所林煜軒助研究員級主治醫師、潘元健心理師，以及馬偕醫院精神醫學部邱于峻醫師組成之研究團隊），台灣青少年網路遊戲成癮盛行率約為三・一%*5。這樣的數字乍看之下似乎並不高，但仔細想想，我們生活周遭其實或多或少可能都有網路遊戲成癮的人。如果再加上酒癮、藥癮以及暴食等各種成癮現象整體來看，陷入各種不同成癮困境的人其實並不少。

變質的日常生活

科技文明徹底地改變了世界，人類的身心也產生了質變。

我們為了不斷從這些物質或生理層面上獲取愉悅，不自覺地一再提高攝取量，以獲得更多的愉悅。

對愉悅的渴望與追求，蔓延成「越多就是越好」的氛圍。生活中任何有形或無形的刺激，都往「多」與「好」的方向前進。

一旦我們對刺激產生了耐受性，原本的刺激量就不能帶來相同的快樂，導致我們會去追求更高強度、更新的刺激，以得到源源不絕的愉悅，或者滿足「越多就是越好」的價值觀（例如：錢財名利越多就是越好；美食娛樂越多就是越好；社群好友越多就是越好；崇拜自己的人越多就是越好）。

就像神谷實一樣，即便擁有操控大腦的能力，能夠隨意調控大腦裡面各種物質分泌，為自己帶來愉悅感，但在不斷提高這些愉悅的物質至大腦能夠承擔的極限後，我們就會感到無趣，進而追求更強烈的刺激，最終陷入瘋狂的狀態，成為為了享受刺激，甘願扮演協助完全開啟魔界的角色，毀滅人類，並自我毀滅的人。

心理學家蘭克曾說：「自我的死亡恐懼會因殺戮、犧牲別人而減輕；透過別人的死亡使自己免於垂死的刑罰[*6]。」

神谷實藉由貶低他人的價值、掌控他人的死亡，創造出「自己生命價值」高過「其他生命」的假象刺激，來獲得更多的愉悅。這不也正是我們現實世界不斷上演的劇碼嗎？各種紛亂的背後，許多皆起因於認為己方的生命價值優於彼方，或者是判定彼方的生命價值不值一哂，因而產生暴力、戰爭等各種衝突，來維持己方的生命優勢。

世界的衝突並沒有因為科技文明的進展以及生活品質的提升而獲得多大的改善，反而有越演越烈的趨勢。這些衝突的產生不見得是因為生存需要，許多只是為了證明自身生命價值高於其他生命，或者是追求更多愉悅而來，那些原本滋養我們的創造與發明，成了不斷提高

享受以強化個人優越性的存在。例如人們用掉許多資源、製造更多汙染來創造品質更高的生活，即使這些行為致使全球暖化、海平面上升、逐漸攀升的氣候異象災難、物種陸續滅絕、新型的疾病瘟疫開始蔓延、壓縮人類同胞的生存空間也在所不惜。即便我們維持生命的基本運作並不用這些高階的生活享受，人們仍持續地追求愉悅的無底洞，以及沒有上限的「多」與「好」。

我們對愉悅的渴望是永無止盡的。因此永遠都會有更新、更好的刺激被創造出來；同樣地，我們對於「多」與「好」的需求也沒有盡頭，永遠覺得「不夠」，總是感到匱乏，我們認為就是要一直不停地「取得」，囤積「愉悅」、「多」與「好」。長期浸潤在這樣的循環中，很容易會迷失了方向、迷失了自己。以為世界只為了自己運轉、宇宙是只為了自己而存在。

這種對某類愉悅的過度偏好、極度自我中心的傾向，以及對「越多越好」的著迷、內心無底的匱乏黑洞等，都容易讓我們陷入失衡的耗損狀態裡。除非能夠體認到，**愉悅與匱乏，其實是透過比較而來的浮動狀態，不是絕對不變的穩定狀態。同時認清，這種優於其他人或其他物種所帶來的愉悅，或是劣於他人的匱乏感，也只是一種比較下的內在感受，不見得是事實。**

一位飢腸轆轆久未進食的人，只要能夠飽餐一頓粗茶淡飯就能帶來愉悅，但對一位每天遍嚐山珍海味的人來說，只有新奇的珍饈佳餚才能帶來愉悅；一位長期露宿街頭的人，只要能有遮風擋雨的安身之處就能帶來愉悅，但對一位住在金碧輝煌豪宅的人來說，只有更高檔的瓊樓玉宇才能帶來愉悅；一位身患重病的人，只要身體健康就能帶來愉悅，但對一位身強體壯的人來說，可能要擁有其他健康以外的生活享受才能帶來愉悅；一位經歷過戰亂飢荒的人，平安平凡就能帶來愉悅，但對一位衣食無缺的人來說，這可能不過是理所當然。

之所以會有這樣的差異，是因為愉悅與匱乏是一座蹺蹺板。當蹺蹺板的一端因為飢餓感往匱乏的那一端沉下去，只要出現了能飽餐一頓的食物，哪怕是粗茶淡飯，都能抬起另一端，自然能產生出愉悅；同樣地，當蹺蹺板的其中一端因為生病感到匱乏而往下沉，只要疾病痊癒，也同樣會被拉抬上來，愉悅就跟著出現了。

愉悅與匱乏之所以是一座蹺蹺板，是因為我們的大腦也是一座翹翹板。

大腦是由神經元所組成，神經元透過各種動作電位的產生與抑制，來執行思考、感覺、呼吸以及視聽味嗅等各種人體的基本功能，我們能夠正常的過生活，正是因為大腦精巧地維持著體內神經元電位與生化平衡的穩定狀態[*7]。

當平衡被打破，大腦就會採取各種對策加以因應。例如，在面臨危急情境時，大腦會判定身體要做好戰鬥或逃跑的準備，因此以提高血壓和心跳率等方式，確保身體能得到足夠的能量來擺脫威脅。等擺脫威脅之後，血壓、心跳率都會下降，回復到原本的平衡狀態，愉悅平靜的感受也會跟著產生。

對大腦來說，我們的生活就是平衡與失衡的重複循環，也就是動態平衡的過程。人們為了滿足無止盡的愉悅需求與「越多越好」的慾望，而長期處在失衡的一端時，就會危及個人健康與生活。

對大腦來說，生活中的所有體驗，都不只是來自外界給予的單向刺激，而是大腦接收與反饋的互動循環。我們會持續地透過思想與行

為不間斷地反饋，與外界互相影響。這樣的互動循環，對大腦而言並非是抽象無形的，而是具體、有形、複雜的生化反應。大腦在這樣的互動循環中，持續著平衡與失衡的變動。

心靈毒物指的是，我們以為對自己有幫助，實質上卻是傷害我們、導致身心嚴重失衡的有害生活模式長期運作後，將原本可能是中性，或短期內並不會造成損害，甚至最初是有益的人事物、內外在具體或抽象的刺激，轉變為對個人有害個人有害的心靈毒性物質。

當我們因為渴望能夠延續當下已經獲得的愉悅感、安心感，或者為了獲取某項未滿足、未得到、未達成的目標（例如名氣、利益、權位、事務、人際關係等，任何有形或無形的資源或內在感受），長期僵化地執行某類具有同樣型態的思想、行為等生活運作模式，而該模式明顯會導致個人身心健康，或家庭、就學、就業等社會功能受到損害時，就會使人陷入耗竭的狀態中。這種讓我們失衡的有害生活模式，會將日常可能原本無害的一切，質變為有害的產物：

日常事件→有害的生活運作模式（想法、行為、活動）→心靈毒物

質變日常一切，並使之變為心靈毒物的有害生活模式，就是本書要探究的主題。這種會毒害日常事件的模式，具備下列幾種特徵：

重複迴圈：不停重複執行同樣的想法、行為、活動等，導致生活出現困擾。即便知道持續目前的模式無助於眼前的現況，甚至有害，仍持續投入時間與心力，造成自我嚴重的內在耗損與身心疲憊，無法完成本分，也常會覺得明明沒做什麼事卻感到疲累。

長期過量：不停增加或提高某種生活運作模式的頻率覺得「越多就是越好」、「要越好就是要越多」。過量本身就會造成傷害，即便其本質最初是有利於生存的。

例如適量攝取糖分可以提供生存所需的熱量，但過多的糖分就會造成肥胖、蛀牙、心血管疾病等健康問題。回到生活議題上，想要與別人和平相處、體貼別人；想要放鬆、感受愉悅；想要保持樂觀、積極向上等，最初都是立意良善，有助每個人適應生活的，但是當這些良善走上長期過量的極端，我們內在的天秤就會過度失衡而造成傷害，對身心造成劇烈的負面影響。

身心依賴：對特定生活運作模式產生依賴，難以轉換視角去思考、行動來脫離現有的困境，或對施行新的因應對策來面對困境感到害怕、緊張，即使知道維持現況會持續造成更大的困擾，但還是繼續進行有害的生活模式。

酬賞與嫌惡並存：習以為常的生活運作模式，因為熟悉、老練或擅長，會讓我們得到安全感、成就感或者價值感等酬賞，但因為該模式長期過量極端所造成的傷害，也會讓我們陷入焦慮、憂鬱、不安等嫌惡的狀態中，兩者並存，往往會進一步造成內在的矛盾、衝突、緊張與混亂。

回到神谷實的例子。「自由操控大腦與身心」對一般人來說是夢寐以求的能力，但對神谷實來說，卻成了心靈毒物，他不但沒有因為這項能力過得充實快樂，反而為了得到更高強度的刺激而追求毀滅。這也是現實世界的真實寫照。現代人們擁有夢寐以求的科技能力以及物質生活，但在精神與內在層面反而流離所失，無所歸屬。即便人們未來真的擁有操控大腦的能力，**如果追求的並非內心的寧靜平衡，而是不斷想要獲取更高強度的刺激來證明自己，最後可能會變得如同神**

谷般，迷失且扭曲了自己。

因此，我們要時常檢視慣用的生活運作模式，是否已造成不好的影響，避免陷入心靈毒化的狀態之中。

醫學界經過多年的研究，已經可以確定，不同的活動、行為、飲食，甚至是思想，都具有改變腦部化學結構的功能。而腦部的化學結構環境跟各種神經傳導素如多巴胺、去甲腎上腺素與血清素等的濃度有關，這些神經傳導素具有調節情緒以及其他各種功能。當神經傳導素濃度異常，會影響人們的心理狀態。不管是遭遇衝突、事情意外被延宕、暴飲暴食等事件，都可能會造成腦部化學結構改變，進一步引起焦慮、憂鬱等情緒，而這些情緒又會回過頭影響腦部化學結構，成為一個惡性循環*13。

在這樣的循環中，由思想、行為與活動所組成的生活運作模式，扮演了關鍵性的角色。**思想不再只是單純的抽象意念，行為、活動也不再只是單純的肢體動作，兩者都會牽動腦部化學結構的改變。**因此，生活運作模式，對大腦有著舉足輕重的影響。

「穩定型」與「改變型」

生活運作模式，可簡單歸類為「穩定型」與「改變型」兩類：

穩定型

穩定型的生活運作模式，旨在於盡可能維持原有生活的樣貌，避免改變。

穩定型模式，根源於嬰兒時期，當我們還在母親的子宮裡，能由臍帶獲得母親所供給的養分，並在恆溫的羊水裡成長。而出生之後，父母也會提供生存所須的一切，餓了、冷了、哭了，就有人來呵護，穩定一切[*6]。

「絕望時不用做什麼就能得到照顧」以及「總會有個像父母般的人來保護自己」的想法由此產生，深植在穩定型模式者的潛意識中。

「被動」「順從」以及「避免改變」是穩定型面對刺激時最常見的應對方式，相信終會有拯救者出現解決眼前的難關。穩定型藉由這些應對方式獲得安全感，來維持身心的平衡。

「穩定型」模式的人，往往期待能夠透過維持熟悉的現狀來得到心靈上的平靜，但也容易因太過被動與順從，而容易處在低落的情緒中。

低落的情緒也往往與體內偏低的血清素、去甲腎上腺素以及多巴胺等神經傳導物質相關。兩者會互相影響、交互作用[*13]。

遭遇困境時，偏好採用此種型態的人很容易陷入「我的錯」「我不好」「我運氣差」等反芻性的自我輕視與打擊中，不自覺地期待有拯救者出現來保護自己，而當拯救者沒有出現，便掉入了更深的沮喪中，難以自拔。

如同存在治療大師亞隆所說的：「潛意識認為痛苦和自我犧牲可以做為求取關愛的最後一擊，因而加重憂鬱的程度。於是他們因為失去愛而哀傷，又保持哀傷以重新獲得愛[*6]。」

改變型

改變型的運作模式傾向改變現狀來取得生活的平衡點，藉由主動開創新局面來取得主控權是此類型的特點。

改變型的因應模式同樣源自於嬰兒時期，新生兒只要身體有任何不舒適的感受，父母會立即協助排除，同時也有人會隨侍在側代為執行任何想法，世界對嬰兒來說，就是以自己為中心在運轉*6。

「無所不能」以及「獨一無二」的觀感便由此產生，成為個體在面對各種挑戰時，努力克服一切的原動力。

「主動」「掌控」以及「求新求變」是改變型面對刺激時最常見的應對方式，他們相信自己的能力與努力終會解決眼前的難關。改變型藉由這些應對方式獲得安全感，來維持身心的平衡。

慣用「改變型」模式的人，往往期待能夠透過改變現狀與創新來跳脫困境，但也容易因太多變動帶來壓力，經常處在焦慮與緊張的情緒中。

焦慮、緊張，與體內偏低的血清素、過高的去甲腎上腺素與多巴胺等神經傳導物質相關。兩者會互相影響、交互作用[*13]。

遭遇困境時，慣用此種型態的人很容易陷入「工作狂」「無止盡進修」「攻擊、破壞、操控以及修復創建」等不停歇的持續變動狀態中，不自覺地將自己定位為救世主，強迫性地把自己與旁人一直往前推，過著負荷超載、焦慮滿溢的生活。

如同凱因斯（John Maynard Keynes）所說的：「……藉著把行動

的興趣推向未來，而使他的行動不朽。他愛的並不是他的貓，而是貓的小貓；其實也不是小貓，而是小貓的小貓，如此一直無盡地推演到貓族的終極[*6]。」

維持「穩定型」與「改變型」的平衡

每個人對日常事件的反應都有差異，兩種生活運作模式都有其適應性。「穩定」與「改變」既是互相拮抗的反向力量，也是相輔相成的同向支援，只要兩者能達到平衡，身心就能維持在穩定的狀態，相反的，一旦出現僵化固著於其中一類型，就會出現失衡的適應困難。

因此，時常檢視自己的生活運作模式，做出適時的彈性調整很重要。如此才能避免本該是滋養的事物，質變為傷害，這也是本書後續

要討論的。

書中的故事取材自身邊常見的案例、新聞，改編為不同生活運作模式的原型，藉由這幾種原型，來檢視當代常見的有害生活運作模式，並提出其思考、因應的可能方向供讀者參考。

閱讀時，讀者可以思考自己有沒有遇過類似的情境，以及故事中的主角在面對困境時，是偏好「穩定型」或「改變型」的模式，或是採用兩者之外的模式，也可以思索如果面臨與故事主角相近的難題時，可以如何處理與應對。各篇故事後面也提出了可供讀者檢視自己生活運作模式的思考練習。

古羅馬皇帝馬可・奧里略（Marcus Aurelius）的《沉思錄》（*Meditations*）提到：「一切都是想法的產物，而控制想法的是你自己。因此，任何時候，只要自己願意，想法都可以移除，這樣一來，心也就平靜下來。有如水手繞過海峽，找到了平靜水域及無浪海灣的擁抱[*24]。」

現實中，影響生活的因素有很多，並不容易做到奧里略所說，百分之百控制自己的想法及其產物，但只要願意理解自己，就有機會找到無浪的海灣。

希望本書能陪伴讀者一同尋找心中那片平靜的水域。

第一章
質變後的憎恨、暴力

第二章

質變後的善意、惡意

第三章

質變後的影音、社群

第四章

質變後的英雄氣概

第一章

質變後的憎恨、暴力

付出努力後，都渴望能被看見、重視與鼓勵。

當渴望落空，
付出與努力一再換來輕忽、無視、冷漠，
甚至是苛責時，就會慢慢產生質變，
成為毀天滅地的武器……

如果不能及時踩住煞車，中斷惡性循環，
這些原有的美好付出與努力，
最終都將可能成為吞噬自己與他人的地獄……

從不生氣的好脾氣，為何成了充滿憤怒的地獄入口？

「溫良恭儉讓」生活運作模式的原型——沙林的故事前篇

「我是沙林，因為隨機傷人被捕。」

高中以前，我各項表現都名列前茅，是個品學兼優的學生。

同學眼中的我，是個開朗、搞笑、脾氣好的樂天派。也是班上的領導者、意見領袖。家人也以我為榮。

家人事業繁忙，因此我從小就自律，從不任性發脾氣，不讓他們擔心。

家人期待我繼承家業，希望我未來就讀相關科系，但我對家族事業一點興趣都沒有，完全不想繼承家業。想要靠自己的力量，開創自己的天地。

不過家人很堅持，我也不想讓他們失望，畢竟他們提供了我優渥的生長環境，工作也很辛苦。因此勉強選了家人期待的大學科系就讀。

進到大學後，因為對該科系所學內容完全沒有興趣，排名墊底，讀得非常辛苦。

看著同學們熱切地討論所學專業，對未來高談闊論，只有我感到迷惘。

我再也不是過去同學眼中開朗樂觀的領袖了，反而成了常常翹課、窩在宿舍睡覺、打電動的邊緣人。課堂上分組時，同學都很害怕跟我分到同組，因為我從不出席分組討論，大家都對我敬而遠之。

「沒差啦！無所謂！」我笑著對自己說。

當不及格的成績單寄到家裡，家人看著成績單不發一語。但我從他們眼裡看到了滿滿的失望。隔了一陣子，我因為太多科目不及格而被退學了。

退學後，家人拿了幾份大學考試報名資訊給我，讓我重考。

於是，我又考進了跟家業相關但完全不感興趣的科系。然後，再次成為班上的邊緣人。依然翹課、窩在宿舍睡覺、打電動。

除此之外，我也會寫些犯罪殺人小說並發表在網路上，排遣鬱悶的心情。

有天，我在社群網站看到高中好友們即將畢業的消息。他們非常開心大學即將畢業，對未來滿是憧憬與期待。

當天，我夢到高中時期的自己，那個受人歡迎、是眾人意見領袖的自己。可醒來後我看著鏡中的自己，長髮、滿臉鬍渣又邋遢不堪。

我對鏡中的人，感到好陌生。

腦中浮現了高中時期的自己，也讓我覺得好陌生。

我在想，究竟哪一個是真正的自己？還是其實我什麼都不是？

我的心中始終隱隱藏著的一股不平、憤怒，此刻突然強烈地炸裂了開來。

為什麼別人可以過得那麼幸福？為什麼只有我一事無成？你們這些人有什麼了不起的？憑什麼看不起我？

於是我決定，將計畫著醞釀已久，讓眾人關注、且難以忘懷的大事，付諸實行。

從不生氣

從小乖巧又成績表現優異的沙林，鮮少表達出自己的情緒，他從不讓家人擔心，在同儕中更是圓融的領導者與開心果。別人眼中的沙林，就是個能力強、待人處事隨和、好相處，幾乎沒有缺點的人。

沙林也希望自己可以盡可能達成他人的期待，尤其是滿足父母的期待，畢竟父母辛苦工作，提供了自己優渥的生活品質。而且父母也是親族中最有名望的，大家都在看著將來要繼承家族事業的繼承者表現，所以他不能讓父母丟臉。沙林好強、要強的個性，也讓他從不展現自己脆弱的一面。

沙林也會有自己的情緒及困擾，特別是他內心想望與外界期待發生衝突的時候，他的應對方式就是否認、壓抑以及隱藏。他幾乎從不生氣，對任何人都是。理智上，他認為自己衣食無虞，在物質上要什麼有什麼，也不用擔心未來要做什麼，任何的情緒與抱怨都是無病呻吟，但情感上，他隱隱覺得自己活得很卑微，總是在討好別人，連表達自己真實的想法、情緒都有困難。別人覺得他很優秀，也什麼都有，但他覺得自己很無能，無法真正的做自己。

無能會使人瘋狂。

心理學家羅洛梅認為，無能與瘋狂（mad）兩者有著密切的關聯，他所定義的瘋狂主要有兩點：「其一是個人的憤怒已達暴力程度的感受；其二是傳統精神醫學對精神病的觀點[*20]。」

羅洛梅進一步解析，無能之所以可能會造成瘋狂，期間有經歷過五個權力層次的過程[*20]：

第一個層次是存在的權力。

存在的權力始於誕生，嬰兒會以哭泣和振臂等方式來展現自己的感受，並透過這些舉動向照顧者傳達訊息，這便是嬰兒展現與體認自己存在的權力。存在的權力先於善惡，非善也非惡，必須在生活中被體認與展現，否則會發展成精神病、神經症或暴力。新生兒如果無法得到旁人回應，發育便會遲滯，身心也會跟著萎靡。

第二個層次是自我肯定。

人類擁有自我覺察的能力所產生的自我意識，生活的關鍵除了生理需求被滿足之外，心理需求也不可或缺。我們窮其一生都在追尋自我價值，對人類來說，生命不僅是有存在的需要，更有肯定自己的需要。**能夠擁有自尊活著是非常重要的。**

家庭是人們獲得認同與自我肯定最初也是最重要的的起源地，如果孩子能在家中獲得認同、被賦予價值，他們就能將注意力轉往發展其他事物，但如果無法從家中獲得認同與價值感，**自我認同受到阻礙，追求自我肯定這件事就會成為他一生中的強迫性需要，將會無止盡地驅策著他。**

第三個層次是自我堅持。

當自我肯定受到阻礙，我們會用較強烈的行為模式，來反抗這些阻礙自我肯定的力量，我們會建立出自己的界線，使他人不得不正視我們，以確立自己的身分認同與信念。

第四個層次是侵略性。

當自我堅持持續受到阻礙，越過他人界線，入侵他人權位或地盤，並將其中一部分占為己有的強烈反應形式便會發展出來，這便是侵略性。

第五個層次便是暴力。

當前述所有層次的努力都徒勞無功、其他可能的方式都無效，憤怒會逐步累積在心中，達到頂點時，暴力便會爆發，成為解除緊張和獲得價值的唯一方式。此時，環境刺激會跳過大腦，直接轉變成暴力攻擊的衝動，這是其他方式都被阻斷時，人們回應環境的方式。

沙林在個人發展自我過程中所必需的權力層次中不停受挫。為了要獲得家庭的認同，他按照父母的期待，就讀與家業相關的科系，並且要求自己將來要繼承家業，但這並非沙林對自己的認同，也非他的價值觀。沙林否認、壓抑自己的想法與感受，放棄內在渴望與自我堅持，既不會防衛自己也不會反擊。這些種種累積下來，最後終使他走向暴力一途。

暴力是無能的展現

沙林的處境就如同羅洛梅所說，面臨個人價值感的喪失時，內心感受到無能的喪失感：「我們今日身在比暴力更悲慘的處境中，就是太多人覺得自己沒有權力，也無法擁有權力，甚至連自我肯定也被否決，再也沒有任何事物值得他們去肯定，於是除了宣洩暴力之外，別無他途[20]。」

沙林覺得自己沒有權力，也無法擁有權力，他從原本的表現優異，到後來被退學、成為群體中的邊緣人，原本表現不如他的同儕，正一個個超越他，且都將陸續要展開自己美好的未來，沙林卻什麼都沒有。他無法肯定自己、無法成為自己，而且再也找不到其他值得他去肯定的事物。沒有價值感的人是難以長久生存的，於是，對沙林來說，只剩下暴力宣洩的方式，能夠證明自己的價值。

羅洛梅認為，無能與冷漠是醞釀暴力的溫床，暴力行為多是出自那些想要建立自尊、保護自我形象或想要展現自己重要性的人所使用的方式，暴力不是出自於過剩的權能，而是來自於無能。如同哲學家漢娜・鄂蘭（Hannah Arendt）所說的：「暴力是無能的表現」[*20]。

精神分析師湯普生（Clara M. Thompson）也提到：「侵略出自栽培和操控生命的天賦傾向，這似乎是所有生物的特徵，只有當生命力在發展中受到阻礙時，暴怒或憤恨等成分才會與之連結[*20]。」**當人們的自我發展受到扼殺，也沒能找到任何可能保護自己、獲得尊嚴的方式，內在的各種負向能量就會堆疊成絕望，最後走向暴力。**

無法成為自己的絕望

哲學家齊克果指出，最普遍的絕望乃是人陷入這樣的絕境：不能選擇、沒有成為自己的意願；而最深切的絕望乃是選擇「做不是自己的人」。另一方面，「決意成為真正的自己，確是絕望的相反」，而這種抉擇乃是人的最終極責任[*21]。

人的價值感來自於能夠自我認同、肯定，並成為真實的自己，當處在這種狀態時，人的內心是充滿能量與希望的。如同心理學家卡爾．羅哲斯（Cral R. Rogers）所提到的：「當人能夠不必死撐著虛偽的表面，或硬牆、大壩，人的感覺就會洶湧而起，掃光一切。而這種感覺早在他的內心中蓄勢待發了。同時，這個現象也可以說明，人的內心有一種逼人的需求，使人非去尋找而變成自己不可[*21]。」

羅哲思認為，人們自覺或者不自覺地追求著且最想要達成的目標，就是變成他自己[*21]。

心理學家馬斯洛也說：「如果人的本質核心被否認或壓抑，就會生病，有時以明顯的方式，有時以隱微的方式……這種內在核心非常纖細微妙，很容易被習性和文化壓力戰勝……即使它受到否認，仍然一直潛藏不斷要求得到實現……每一次與我們核心的疏遠，每一個違反我們本性的罪過，都會記錄在潛意識中，使我們鄙視自己[*17]。」

這種無法成為自己，不斷壓抑自己真實感受、討好別人、否定自己、感覺不到自我價值且日復一日的「永劫回歸」的生活，讓人無法承受。

「永劫回歸」這個概念出自於尼采。尼采在《查拉圖斯特拉如是說》（*Also sprach Zarathustra*）一書中，描述一位透悟許多真理的老先知，提出「永劫回歸」的概念。查拉圖斯特拉提出一項挑戰，假使你會周而復始地重複過著一模一樣的人生，你會有什麼改變：「假使某天或某晚，惡魔趁你不備，偷偷潛入最深的孤寂裡對你說：『你從前至今的此生，將無止境地重複無數次，每一次均毫無變化，同樣的痛苦和喜悅，同樣的思維和嘆息，此生中每件極大極小的事，都將一再重演，以同樣的順序和因果，就連眼前的蜘蛛、林間的月光、此時此刻以及我的出現，也不例外。存在的沙漏將永無止盡地上下翻轉，你就如同那裡頭的一粒沙！』你難道不會崩潰，咬牙切齒地詛咒說這話的惡魔？還是你曾經歷過這驚人的一刻並回答祂：『祢是神，我不曾聽過比這更神聖的話？』如果這想法占據你的心，它將從此改變你，或者，將你擊垮[*19]。」

心理學家亞隆會使用「永劫回歸」這項永無止境反覆過同樣人生的思考實驗，來引導個案思索自己的一生，他認為，如果有人在這樣的思考實驗中，發現這過程很痛苦或不堪忍受，代表這個人的一生過得並不好。亞隆會引導個案進一步去思考如何改變人生，放眼未來：「你現在可以怎麼做，好讓你在一年或五年後回頭看時，不會因為累積了新的悔恨而感到同樣的沮喪？換句話說，你能找到一種不會累積悔恨的生活方式嗎[*19]？」

「永劫回歸」是亞隆用來引領個案創造熱愛人生的一種方式[19]。但對沙林來說，這樣日復一日，重複過沒有價值感、沒有自己的「永劫回歸」生活，卻是擊垮他的絕望。

面對這種感覺不到自身價值、未來沒有任何成為自己的可能性累積而成的絕望，沙林選擇用極端的方式來證明自己的價值。他放棄思考與尋找幫助自己脫離絕望、活出自己、不再累積悔恨的生活方式，反而以隨機的方式，暴力攻擊無辜的陌生人來宣洩自己的憤怒，並以此攫取眾人關注來得到價值感。

沙林的做法，再次讓自己和身邊的人陷入了絕望。

借鏡故事的思考練習

如果發現總是壓抑、否認或者害怕表達自己真正的想法、情緒……

*想一想，如果表達了自己真正的想法、情緒，會發生什麼事？你擔心可能會發生的最糟事情會是什麼？這些事情會對生活有什麼影響？你該如何因應？

*想一想，不斷壓抑、否認自己的想法、情緒，對自己與生活會帶來什麼影響？你會如何看待這樣的自己？這樣持續下去會發生什麼事？這些後續可能發生的事是自己想要的嗎？會對自己或身邊的人產生什麼影響？

*想一想，如果表達了真實的想法與情緒，身邊的人會如何重新認識你？他們可能會有什麼反應？你們的關係會發生什麼變化？

*想一想，如果一直壓抑、否認自己的想法、情緒，身邊的人會認

識到怎樣的你？對你們關係的影響是什麼？

＊想一想，「適度表達真實想法與情緒」以及「完全壓抑否認真實想法與情緒」的自己，會分別對生活帶來什麼不同的影響？

如果你發現家人、身邊的親朋好友幾乎沒有表達過任何負面情緒或與他人不同的想法，總是很隨和、很好相處……

＊試著從對方角度，設想可能的想法與感受，並表達出來。

＊鼓勵對方說出己的想法、感受，讓對方有機會做真實的自己。

＊觀察、瞭解對方可能的真實狀態，並表達理解、接納與欣賞。

＊理解每個人都會有自己獨特的想法、感受、情緒，不可能永遠平和、沒有衝突地與所有人相處，表達與展現這些不同，是人性的一環。

＊接納親近的人展現自己獨特之處的方式，並試著用溝通、協調的方式，盡可能找出雙方都能接受的可能共識。

＊記得對方跟我們一樣，都是獨特的，都有自己的想法、感受與情緒，跟我們一樣是個人。不要強迫對方跟我們百分之百一樣，或完全接受我們的價值觀，即使對方是我們最親近的父母、家人，或者兒女，他們都是他們自己。

面對內心憤怒的思考練習

- 想一想，憤怒的背後是什麼？有什麼期待？有什麼不平？想要被理解什麼？
- 如果能用具體的言詞，表達出這些背後的期待、不平與希望被理解的想法，你會想對誰說些什麼？希望對方怎麼回應自己？
- 想一想，自己是個怎樣的人？你對自己有什麼評價？這些評價與事實相符嗎？

- 到目前為止，有沒有什麼樣的遺憾或悔恨？
- 從過去的遺憾或悔恨中，你體悟或學到了什麼？
- 從現在開始，你可以做些什麼，讓將來不再累積新的遺憾或悔恨？
- 你想要成為什麼樣的人？過什麼樣的生活？現在可以做什麼幫助自己往這些目標邁進？

面對被壓抑的內心憤怒——沙林的故事後篇

在下手隨機傷人的那一刻，我感覺自己再也回不去了。

我打開地獄之門，走了進去。

回頭看過去那個從不發脾氣、總是很乖、聽話的我，彷彿是另外一個人。或者說，那根本不是我，地獄之門一直在我心中，只是我忍耐著不去打開。

裡面有我一直渴求的反抗、破壞以及力量。

在計畫到實際動手的過程，我感受到無比戰慄的緊張感與能量感，這是從來沒有過的、我所渴望的自己。我想經歷看看，那個不曾經歷的自己，然後，為自己劃上句點。

在被捕後，展開了長期的審判過程。在審判的過程裡，刺激的戰慄感消失了，無比的空虛隨之襲來。這不是我所期待的，我感覺自己比以前更加脆弱、無能。

期間，出現了兩個我在拉扯，一個是那個已經質變的我，覺得自己強大、無所不能的我；一個是更加脆弱不安的我，覺得自己無能、無價值的我。我不知道哪一個才是真正的我。

漫長的審判過程讓我逐步釐清，其實兩個都是我，就像硬幣一樣，是一體兩面。我想起自己在動手執行計畫時，那個被我認為脆弱無能的自己，拉住了自以為無所不能的我，殘存的理智，阻止了我針對受害者的致命部位進行攻擊。沒有任何一位受害者死亡，都是可恢復的傷勢。雖然如此，我依然對受害人、其家人以及整個社會造成了無可磨滅的傷害。

如果重來，我要為自己發聲，讓那個有能量的我能勇敢表達對未來的想法，爭取自己未來想做的事，讓我有機會成為我自己，也讓身邊的人認識真正的我，不再留遺憾，這樣我就不需要再用傷人的方式來尋找與證明自己。如果我能提早多想一點、想遠一點，就能預見這一切，避免這些發生。

我從傷人過程中短暫得到的價值感和力量感，事後看來，都不過是一種虛妄的幻覺，我為此深深懊悔。

可惜人生沒辦法重來一次，用這種慘痛的方式學習，付出的代價實在太大。餘生，如果還有機會獲得自由，我想要彌補這個缺憾，也希望所有人能不重蹈覆轍我的錯誤。

追尋自我價值的動力，為何成了惡意肆虐的源頭？

「孩子王」的生活運作模式原型——約翰的故事前篇

「我是胖虎，我是孩子王，我是天下無敵的孩子王，我的拳頭最大，大家都怕我……」

這是日本動畫《哆啦A夢》裡的的一首歌，是我小時候最喜歡的一首歌，因為，這首歌的內容就是我生活的寫照。

但我不叫胖虎，我叫約翰。

打架鬧事，是我人生的家常便飯。

對我來說，沒有什麼事情比用拳頭處理更有效率、更有成就感。其他的事情對我來說，都是很沒效率的事。例如讀書，其實我書讀得不差，但要一直坐著，實在很無聊；做工也是，雖然我喜歡體力活，但做工的過程也很漫長，還有很多要學的，久了也很無聊。我不喜歡無聊，我喜歡新鮮、刺激、有趣的事情。從小把我帶大的阿嬤，根本管不住我。

我發現在外面遊蕩、閒晃、是件有趣的事情。我在學生時代就很常翹課，到處遊玩，看到什麼事情都想要湊一腳，也因此很容易跟別人發生衝突。但我並不害怕，因為我在打架上是常勝軍，很少輸給別人，少數幾次輸的經驗，反而提醒我將自己練得更加健壯，更能夠贏過別人。

這樣的個性和生活方式，讓我從小就進出觀護所、監獄，認識了很多三教九流的人，這些人的經歷與我相似，我們交換了彼此的經驗，也很聊得來，後來甚至一起計畫犯案，成了全國通緝犯。

最後一次犯案被捕，是在老婆懷孕，孩子即將出世的時候。阿嬤拄著拐杖、老婆頂著大肚子來探視我。阿嬤什麼都沒說，只是淚流不止，老婆則是哭著說，她不希望孩子沒有爸爸……

看著眼前兩位這輩子對我最好的人，我不禁回想過去的種種，我只是想過好玩、有趣的生活，到底為什麼，會走到現在這個地步？

追尋自我價值

每個人都需要價值感，我們終其一生也都在尋找自己的價值感，不論是用什麼樣的方式。對約翰來說，獲得價值感的方式，就是透過暴力來自我肯定。

心理學家羅洛梅觀察到，人們常會主動去找反對意見，來學習自我堅持，體驗自己的價值感，他認為這並非病態，而是一種建設性的表達方式。在二到四歲的小孩身上就能觀察到，孩子們會測試父母的界限，確認自己要做到什麼地步爸媽才會反對，孩子會為了說「不」而說「不」，為了跨越父母而跨越。就像小孩會用積木蓋好房子，重複打散又重建，來體驗自己的權能一樣[*20]。

心理學家史托（Anthony Storr）說：「『讓我做』是許多小孩不斷重複的懇求；聰明的母親會盡可能鼓勵孩子自己動手去做，雖然耐心等待孩子花幾分鐘時間來繫好大人幾秒鐘便能完成的鞋帶是非常累人的[*20]。」

在這段嘗試、破壞、侵略與重建的反覆探索以及對外冒險的過程中，如果能得到父母的愛與關懷，小孩就能建設性地體驗自己的權能，慢慢建立起主控感、安全感。相對地，如果這個過程受到阻礙與譴責，敵意、怒氣與侵略性便會隨之而生，並使人感到無力。英國精神分析師溫妮寇特（D. W. Winnicott）說[*20]：「如果社會有危險了，那不是因為人類的侵略性所致，而是因為個體身上的個人侵略性受到抑制。」

沒有衝突、衝動、反叛、對立，自我不會誕生，這股力量可以為善也可以為惡，人就是衝突的產物，如果在衝突中能獲得適當的引導，便有機會誕生出能獨當一面、成熟的自我。

史托認為，父母藉著禁止小孩打電動或玩其他近似的戰爭遊戲，來避免小孩變成好戰者的做法可能適得其反，小孩「更可能創造出父母希望極力避免的那種人格類型」。因為小孩需要掌控所有的侵略權能，以維持主體性*20。

被剝奪體驗、掌控個人權能，難以維持主體性的孩子，可能會感到無力。羅洛梅認為*20，當人們長期處於無力狀態，就容易投入會激發腎上腺素的侵略和暴力中，來體驗自己的價值感，他也提到，侵略的反面並不是愛好和平、體貼、友誼，而是孤立，也就是完全沒有接觸的狀態。

父母不在身邊、隔代教養長大的約翰，無法在父母的愛與關懷中探索自己的權能，相較於其他有充足關愛的孩子而言，更顯得孤立與無力。而他選擇了直接從暴力中來獲得價值感。

暴力中自有歡愉

軍人葛雷（J. Glenn Gray）在一九六七年出版的《戰士》（暫譯，*The Warriors: Reflections on Men in Battle*）中提到：「凡是看過在戰場上操作大砲的士兵，注視剛歷經戰場殺戮的老兵眼睛，以及研究過轟炸機投彈手炸毀目標後自述感受的人，很難不會下此結論：**破壞中自有歡愉。……這種邪惡顯然超越了單純的人類邪惡**，必須從宇宙哲學或宗教的詞彙才能加以解釋。就此意義而言，**人類在某方面可能要**

比動物更為邪惡[*20]。」

羅洛梅認為，暴力通常與「狂喜」的經驗密不可分。「狂喜」源自希臘文，具有「站到個人自己之外」、在「個人旁邊」或「自我之外」的意思，使個人「超越自己」，超越傳統的自我疆界，並且產生新而擴大的自覺。他指出，當人們身處暴力中也會出現類似狂喜的經驗。暴力會產生自我的超越感。當人處在**在暴力的狂喜中，會有破壞的饑渴**[*20]。

羅洛梅說道：「**破壞似乎是人的內在歡樂，想損壞事物和殺戮的遺傳渴望，在神經官能症病患和其他絕望者身上，這種現象持續增加中；這種特質的增加早已存在，就是數百年的文明也無法藏匿。**」他進一步指出，暴力所帶來的愉悅，會使人脫離自己，將之更深也更強而有力地推往前所未有的體驗裡，個體中的「我」自覺變成了「我們」；「我的」則成了「我們的」。舊有的我消逝了，一個新的意識、一種更高程度的覺醒隨之產生。一個新的、比原先更寬闊的自我於焉誕生[20]。

沙特說：「暴力創造了自我[20]。」展現暴力，會帶來能量感，讓人沉醉在其中，感受自己的強大。當暴力出現在關係中，會透過「併吞他人」的方式，大幅增益這種強大的愉悅感。

心理學家佛洛姆提到，所有虐待狂的驅力，都是出自於想要完全控制另一個人的衝動，併吞對方、使其成為任憑擺佈的一方。將之視為物品對待，加以利用剝削[22]。

在這樣的人際互動過程中，**個人的「我」，會變成「統治者的我」；孤獨個體中的「我」，會變成群體中的「我」，「我」不再只**

是「單一個別的我」，而成了「能代表群體的我們」以及「擁有我們的群體力量」中的「我」。因自我價值被提升而得到滿足，那些單一獨立個體所必將面臨的孤獨感、虛弱感以及空洞等令人不安的感覺，都消散於其中。

這個狀況在極端的戰爭中更能明顯觀察到。軍人葛雷描述了德國戰友在戰爭中的經驗，他雖然在戰爭中會因為不知如何餵飽妻兒而飽受焦慮之苦，但戰友有時卻也會懷念戰爭那段歲月，覺得在某些時刻裡，戰時過得比現在的和平生活快樂。類似的感受也出現在葛雷曾參與抗暴運動的朋友身上，朋友雖然不喜歡戰爭，也不願意再回到戰時，但認為戰爭讓他有活著的感覺，比後來和平的生活中完全沒事的狀態來得好[*20]。

對於緬懷戰時生活的現象，葛雷認為，這是因為戰爭的激烈與興奮會掩蓋住人們在和平生活中的內在空虛，當戰爭結束，這些空虛便會被暴露出來。羅洛梅相當認同葛雷的見解，他認為，人類所發展的文明把許多挑戰和風險從生活中移除，而這種本就深植於生命中的挑戰與風險，對許多人來說是很重要的，暴力則會將挑戰與風險重新帶回生命，讓人們得以逃避這種空虛。在破壞的慾望下，士兵將完全沉浸在「為了與陌生客體結合而進行的自我剝奪」的體驗中，自我消解於其中，生命於是不再空虛[*20]。

然而，即使不處在戰爭的極端情境中，現在人們的生活日常中，也充滿了各種想要透過暴力來增加個人價值感，以消滅孤獨感、虛弱感以及空虛感等的作為。不管是學校生活中屢見不顯的排擠與霸凌現象；職場上的勾心鬥角；家庭裡的相互傷害；到網路世界中無處不在的酸言酸語酸民現象，乃至大人小孩都在玩的手遊電動、觀看的各種影片、戲劇等，**到處都充滿了暴力與破壞的元素**。

如同羅洛梅所說，**人們「祕密地喜愛暴力」**。他指出，我們會在心裡否認這件事，將「喜愛暴力」這件事以其他形式留存在心中，讓自己察覺不到暴力的事實，因而可以祕密地享受暴力。因為如果我們承認對暴力的祕密之愛，就必須面對這個事實所帶來的內疚、責任與沉重深刻的情緒，於是我們會採用各種防衛來逃避承認「喜愛暴力」，急切地把我們的暴力攻擊合理化，將攻擊的對象、敵人，轉變為原魔的對象。例如在戰爭中，人們可以告訴自己，既然對抗的對象是魔鬼，攻擊破壞就都成了理所當然的舉動，人們便可以藉此迴避戰爭中所殺的人，都跟我們一樣是有血有肉的人類這項事實[*20]。

羅洛梅認為，每一次我們歷經人類社會崩解的重大時刻時（例如戰爭），都不得不被迫面對**人類本質中，那種粉碎、破壞和吃食自己同胞的需要，我們的內在可能蘊含著某種質素，會讓我們為了展現自**

己的氣概而同類相食[20]**。**

他指出，當代人就像早期的城邦民眾一樣，難以控制自己內在的暴力傾向與侵略性，對此，城民只能將自己內在的龍怪，往外投射到城外洞穴的神話怪獸身上，他們試圖把自己內在中本有的「黑暗」「狂野」以及「動物性」的原始傾向，逐趕到城外四周的森林中。人們為了抹去自身的邪惡，遂將邪惡投射在森林龍怪的圖像上，並以每年獻祭童男童女的方式來與之共處。但事實上，龍怪並非外邦人，城內處處都有龍怪的盟友。牠的盟友存於每一個人的內在[20]。

面對內在的龍怪

每個人的內在都駐留著具有「黑暗」「狂野」以及「動物性」的龍怪，暴力是人性的本質之一。羅洛梅認為[20]，**龍怪並不是問題，問**

題在於，我們是將之投射於外界，還是承認牠們就位於我們的內在，面對並整合牠們。當我們承認龍怪就停駐於我們心中，便是承認我們內心同時存有善與惡，兩者是互相依存的一體兩面，邪惡潛能的增益與善良的能力是成正比的。人們所尋求的善，是對善惡高度覺察的意識、是漸漸增加的敏感、鋒利的覺知。

如同卡謬所說：「不論我們怎麼做，在人心孤明之處，總還會保有些許的狂放。**我們的內心為自我放逐、犯罪與荒廢都預留了一片天地。但是我們的任務不是讓他們任意奔流到世上來，而是在人我心中與之奮戰**。反叛，不向俗世降服……仍是今日奮鬥的基礎。形式的源頭，真實生活的來源，是我們在野蠻與無形的歷史運動中，永遠卓然挺立[*20]。」

羅洛梅提到，我們必須覺察自身善惡兼具的事實，將罪惡拋卻的善將不再是善，而是人格中的自以為是；惡如果不藉由善的能力來加以平衡，將只剩下乏味、無聊、懦弱與冷漠。他說：「人類的潛能不只向上發展，同時也向下拓展範圍……當善的能力增加，惡的能力也隨之漸增……人若能瞭解自己和他人都具有陰暗面，明白原魔力量可以為惡為善，而且知道人不能拋棄它，沒有它也無法獨存，這就是很大的恩賜了。當他覺察到，自己的成就多半與由此原魔衝動引發的衝突密不可分，也同樣是一樁幸福的事。**生命是善惡的混合，沒有純粹的善這回事。如果沒有惡的潛能，也就沒有善的潛能。這就是人的經驗之所在。人生不是脫離惡才成就善，而是雖然有惡，依然為善**[*20]**。**」

對約翰來說，他要重新檢視自己獲得價值感的暴力行為，承認自己對於暴力的迷戀、嚮往以及隨之而來的傷害，而不是對自己的暴力傷害行輕輕描淡寫，淡化為只是有趣、好玩。**唯有理解自我內在破壞**

的慾望，誠實面對內心的龍怪，才能拿取回自身的掌控權，駕馭暴力的慾望，為其找到合適的出口，而不是被暴力所驅策，不能自己。

借鏡故事的思考練習

如果發現自己總是渴望與尋找衝突情境、以力服人……

＊想一想，你可以從衝突情境中得到什麼？

＊想一想，自己慣用處理衝突情境的方式是什麼？在衝突中扮演什麼角色？

＊想一想，在施行暴力的當下，你在想什麼？感受是什麼？從中得到和失去什麼？產生了什麼影響？又對別人造成什麼影響？

＊暴力吸引人之處為何？你可以從暴力中獲得什麼？證明什麼？後續的影響是什麼？

＊想一想，除了暴力之外，有沒有其他方式可以解決問題？
＊對暴力的慾望除了直接施行於人際或破壞層面外，還可以運用在什麼地方？

如果發現到家人、身邊的親朋好總是身處在衝突情境，慣用暴力處理事情……

＊如果暴力發生在自己身上，先以保護自己為優先，離開現場、尋求協助或報警。
＊在自身安全、對方平靜的前提下，引導對方說明自己的想法與感受，並對其表達理解。
＊討論如何面對、調整，以及其他可能的因應方式。
＊尋求醫療、警政、社政等專業的協助。

面對「內在龍怪」的思考練習

- 自己的內心有沒有過什麼樣不為人知、害怕被知道的陰暗面？
- 你對自己的陰暗面有什麼想法、感受？如何因應？
- 對他人可能也存有的陰暗面，你有什麼樣的想法、感受？如何因應？
- 如何看待人性中有善也有惡的本質？如何面對？
- 如何控制、運用內心的暴力、破壞等慾望，讓我們仍能保有自己，卻又不至於傷害他人？

面對「內在龍怪」——約翰的故事後篇

回首過去，我發現自己是個充滿惡意的人。

我從小就喜歡虐待小動物，看著牠們害怕的樣子，感覺自己手握著生殺大權。這種能掌控一切、充滿力量的感覺非常好。為了保持這種狀態，我認真鍛鍊身體，打架從來沒輸過。

每次把那些囂張的傢伙打趴在地都讓我充滿成就感。我覺得很多人看不起我，我不想要被看輕，所以到處找機會和人發生衝突。我不怕衝突，衝突越多，越能證明我的強大。我想成為強者，也確實做到了。對於看不順眼的人，我有力量隨時出手教訓，我依靠的就是我的拳頭，我想要的，就靠拳頭去爭取，畢竟這個世界就是弱肉強食，那些有錢人也是從別人身上搶東西，我只是再搶回來供我自己所用而已。所以我越搶越多，金額也愈來愈大，也為此多次進出監獄。

監獄裡有許多跟我一樣的惡人，但我只要比他們更凶狠就可以了！我也如願成了惡人之首，並有組織、有計畫的建立起了自己的幫派。也因為這樣，最終成了全國的通緝犯。反正這個世界也對我充滿惡意！反正這個世界也沒有善待我。我從小就沒有父母在身邊，看盡了別人的眼色，沒有人關心我、在意我、照顧我，我為何要善待這個世界？錯的是這個世界，不是我！我只是用我的方式拿回原本屬於我的、被剝奪的東西而已。

原本我是這麼想的，直到被捕後，看著眼前淚流不止、佝僂著身軀、把我帶大的阿嬤，以及身懷六甲卻仍一肩擔起家計、照顧阿嬤的老婆，我突然發現，是我自己無視她們對我的善意、付出。

我想起了窮困的童年，阿嬤即便渾身病痛，白天仍到工廠上班，晚上做資源回收，努力供應我生活所需，讓我衣食無虞，也說要好好栽培我往上讀書，是我自己無視這一切，在外放蕩流連不歸；我想起了老婆，在我身無分文的時候資助了我、鼓勵了我，不顧家人反對跟著我吃苦，讓我重新燃起希望，是我自己不願意循規蹈矩、腳踏實地工作，對於金錢、權力的慾望，讓我拋棄了自己為人夫的責任，再次進入打打殺殺的世界。是我放任自己的憎恨、惡意恣意奔流，毀了我自己的世界，也毀了眼前這兩個對我最好、最愛我的人的世界！對她們造成了最大的傷害、重製自身悲劇的人，其實是我，對於目前的處境，我自己要負最大的責任！

如果時間能倒流，我一定會重新檢視這一切，控制內心這些惡意與恨意，而不是被這些惡意與恨意控制，到處傷人，不斷製造新的悲劇，並好好珍惜身邊這兩位最愛我的人，腳踏實地好好工作。

如果時間能倒流……可惜，人生無法重來，我再也沒機會彌補什麼了……

第二章

質變後的善意、惡意

當我們帶著善意出發，
想要照顧別人，
對別人有所助益，
卻忽略了自己，
將別人永遠擺在自己的前面，
善意，就可能會慢慢產生質變，
成為讓自己傷痕累累的惡意……

當我們帶著善意出發，
想要保護自己，
讓自己過得更好，
卻忽略了別人，
善意，就可能會慢慢產生質變，
成為害人害己的惡意……

如果我們不能暫緩腳步，
審視這些善意的初衷，
以及初衷與現況的差距，
停止物化自己與他人，
這些原有的美好，
最終都將可能成為毀滅自己與他人的元凶。

那些想照顧別人的善意，為何成了傷害自己的心靈毒物？

「助人為樂」的生活運作模式原型——愛麗絲的故事前篇

「我叫愛麗絲，是一名資深助人工作者。」

近期辦公室來了一位新人，讓我想起自己以前剛入行的各種辛酸，希望新人不需要再經歷「菜鳥被指派各種不屬於本職的工作」、「資淺就必得聽資深呼來喚去」等不合理、不受尊重的事情。

因此，面對這位初來乍到的新人，我主動給予許多關懷與提醒。我告訴新人，可以直接叫我名字，不需要拘謹，一起共事就是夥伴，不分位階高低，大家互相支持協助。

為了避免她被叫去做太多瑣事，我將手邊輕症或已經進入穩定期的個案分給她，一方面讓她可以做本職的工作，增加工作歷練，另一方面，也讓她可以有明確的理由去拒絕那些過多的瑣事。

分案的過程，我找來個案的家人、學校老師以及個案本人，詳細說明狀況，也告訴她，有什麼問題可以隨時來跟我討論，若是負荷太大，我也可以隨時接手。對於我的關懷與提點，新人最初也表現得很客氣。

但不知為何，這些原本穩定的個案，在新人接手後，開始變得不太對勁。

我主動關心，卻得到一切都在評估中的回答，且之前也已經完成正式轉案的程序，已經是她的個案，要我尊重她的專業。

直到後來，我不斷接收到個案親友傳來的訊息，表示個案翹課、翹家、失聯，甚至出現了吸毒的情形，一個個的情況都開始惡化、失控。我轉達這些訊息，欲與新人討論卻被拒絕，新人也完全不說明目前處理情形，反而說那些不是她要處理的，也不是太大的問題，因為個案都還是有在約定時間前來。但顯然，新人並不瞭解吸毒以及向家長說明未成年人身心狀況所涉及的職責、義務以及法律權責，我明確告知新人，我會就相關權責進行通報。

「那妳自己要跟個案講是妳通報的，不是我！」新人知道我要通報後，高分貝對著我說。

最離譜的是，新人對家長和學校隱瞞了個案的自縊行為。當我問新人為何未告知家長和學校，她的回應是評估沒有危險性，且和個案當面討論後，應該就可以解決。但結果是，個案根本不願意跟新人談，後續還是由我跟個案進行諮商，並通知家長。

後來太多關於個案的訊息傳來，我請這些個案家屬親友直接與新人聯繫，因為新人完全不告訴我個案的狀況。沒想到，就在接到這些親友電話後，新人竟然跑到我面前對我瘋狂大吼、辱罵：「我為什麼要接這些電話！妳怎麼當助人工作者的……真是莫名其妙……」

新人也不等我對她講的那些不實言論與辱罵進行回應，便逕自衝出辦公室下班離去。現場有許多同事都目擊了這一幕，包含單位主管在內。

儘管我向單位主管說明整個事情經過，單位主管最終也沒做任何處理，還替新人隱瞞疏失。

事件發生後，在辦公室遇到新人時，她總是惡狠狠地瞪視著我，到處講我的壞話，說我把工作推給她，說我不負責任。

現在，我一想到要進辦公室都會有壓力，覺得憂鬱。腦海會不停浮現當天新人對我大吼的畫面。

我一直再想，到底哪裡出了問題？

哪天，她會不會又失控跑來對我大吼？

過度善意與過度匱乏

愛麗絲初進職場經歷過被輕視、貶抑，讓她對新人的處境更能感同身受，因此極力照顧、提攜後進，這些舉動，原本是拉近人與人之間距離、溫暖人心的善意，最後卻成為新人做為成就自己、攻擊她的武器，這絕對是愛麗絲始料未及的。

想助人、體貼人的善意，卻被利用作為傷人的武器，絕非愛麗絲的錯，而是濫用他人善意者的問題。但是如果類似的情境一再重演，就要思考當中究竟發生了什麼事情。

首先，可以檢視的是，愛麗絲對新人設身處地的理解，主要是基於現實觀察得來，還是基於過去自己的經驗？

新人初任時，過去工作上被虧待的經驗很快就浮現，讓愛麗絲隨即回到了過去那個被塞了很多不屬於本職雜務、超時工作、過勞的角色上，當時的無奈、挫折，以及不舒服，一股腦湧上，看著新人的同時，她也看見了過去的那個自己。

除了單純想助人的善意，其實愛麗絲不自覺地也想要照顧過去那個沒被善待的自己。她在過去所受的傷並沒有痊癒，那些曾經壓榨她的人，仍在同一場域工作著；那些曾經被壓榨的過往、傷痕並沒有過去，只是累積、蟄伏在心底，在愛麗絲脆弱的時候，再次席捲而來。

當新人開始要經歷類似愛麗絲過去的經歷，她很快就介入打斷，當年，她多麼希望有人願意幫忙什麼都不懂的她，但卻沒有人站出來救她，為她發聲，那些年的她，默默地承受與忍耐一切不合理的待遇。熬過了菜鳥階段後，她開始跟其他同事保持距離，因為她深知，在關鍵時刻，沒有人會願意幫她，所以她只想安靜地做好自己的工作。

其實不只工作，愛麗絲在家庭、學校方面也有相同的經歷。她的原生家庭貧困，父母光是維持生存，就已經筋疲力竭，基本的物質資源嚴重不足，根本沒有餘力提供愛麗絲精神上的關愛。她知道父母已經盡全力了，於是她開始責怪自己沒有能力幫上什麼忙，還增加家裡的負擔。她盡其所能做好所有分內的工作，也協助父母打理家裡的一切、照顧弟妹，默默承受與忍耐生活中的那些不如意。

童年的愛麗絲懂事又乖巧，她扛起家務，成為弟妹的小爸媽。她很早就脫離被照顧者的位置，快速長大。她學會快速察覺、理解他人的感受；學會將他人的需要，擺在最前面；學會隱藏自己的感受、成熟地處理事情。她對父母總有著說不上來的愧疚感，仿佛家裡的困境都是她造成的。

這樣的愧疚、匱乏，讓她以為照顧別人是理所當然的，畢竟大家都很辛苦，每個人都有自己的難處。那自己呢？自己的需要及感受怎麼辦？

「沒關係！只要大家都過得好就好了！」愛麗絲這樣告訴自己。

她怯於表達自己的感受與需要，認為那些都是什麼罪大惡極的事，更遑論開口對別人要求些什麼。

她的善意，從來都沒有用在自己身上過。

那些被迫長大的委屈、不安、焦慮，持續撞擊身心蹺蹺板。她用照顧別人來平衡身心。藉由照顧別人，好像就是照顧了自己。她總是犧牲自己來顧全大局。

就像這次對新人，其實愛麗絲很快就察覺到不對勁。她發現新人的專業判斷有許多錯誤，也發現新人對於自己不熟悉的議題會裝作很懂的樣子。

但她總想著，該給新人多些包容、提點與支持，就像她當初，也很希望有人可以給她多些支持一樣。她告訴自己，多給新人一些尊重，等到對方經驗累積到一定程度後，或許她就會明白自己的問題。因此她默默收拾新人的不當殘局，就像在過去成長經驗中扮演的角色一樣。

然而，事與願違，新人不但嚴重欠缺基本的專業知能，還對此毫無自覺，完全無法從經驗中學習與成長，而且對愛麗絲的態度越來越惡劣。加上主管的不作為，事情的演變，遠超乎愛麗絲的想像。

那些自我犧牲的傷

愛麗絲的匱乏成長經歷，使她的自我價值建立在照顧與成就別人上，習慣將別人放在自己的前面，擔心自己成為別人的累贅，忽略自己的感受、願望。如果犧牲自己的付出能滿足他人的需求、換來他人的幸福，對愛麗絲來說，一切都值得。愛麗絲很少關注自己，不瞭解自己的感受、願望，也不關心自己的需求。成為助人工作者，也是為了想要幫助別人。

然而，全然的付出，不必然能得到對等的回饋，常常是連一句感謝也沒有，尤有甚者，是許多帶有惡意的傷害。如同這位新人一樣，其實不只是新人，在新人之前，她就遭遇過許多類似的狀況，不管是家人、同學、朋友、同事或上司，都對她的付出或是視而不見、或是貶低、或是索求無度。

然而這些經歷所帶來的傷痕並不會消失，只會不停累積，印記銘刻在身心之中。

神經內分泌學家西摩・列文（Seymour Levine）的研究團隊，對老鼠進行了一系列的實驗，發現老鼠即使在幼年時期只遭受短暫的壓力，例如人類觸摸幼鼠幾分鐘，都會讓牠們經驗到高度壓力，劇烈改變其荷爾蒙系統的機制與功能，並持續到成年[*14]。

邁克爾・庫赫（Michael Kuhar）教授研究團隊也得到了類似的實驗結果。他們將新生幼鼠在出生後頭兩周，分成「每天與母鼠隔開十五分鐘」，以及「每天與母鼠隔開三小時」兩組。自然界中，母鼠離巢十五分鐘覓食很正常，在幼鼠能忍受的範圍內，但母鼠離巢三小時則非常態，會對幼鼠造成壓力。兩周後，兩組的幼鼠都回到同一個情境，也就是幼鼠都和母鼠都待在一起，直到幼鼠長大，研究者都不再隔離母鼠與幼鼠。研究團隊發現，「每天與母鼠隔開三小時」組別的幼鼠成年後，與「每天與母鼠隔開十五分鐘」的組別相較下，明顯偏好攝取較高量的酒精與古柯鹼[*12]。

幼年的高壓經驗會持續影響身心到成年。

對愛麗絲來說，童年匱乏的經歷，雖然非是什麼極端高壓，但卻是一種慢性長期的自我損耗，消磨了她的自信心、價值與重要性。特別是當她付出的善意，被像新人這樣的人帶著惡意扭曲，反過來成為攻擊的武器時，那些建構在滿足別人的自我價值感，會在瞬間坍塌、崩毀。

惡意來得又急又快，猝不及防時，創傷便會產生。

那些重複浮現的新人吼叫畫面、過度警覺、焦慮、憂鬱以及逃避上班等，都是一種創傷反應。

面對自己的傷

那些重複浮現的畫面，是大腦為了理解突如其來的衝擊中，到底發生什麼事，以取得掌控感，避免再度發生類似的情形。然而畫面重現時，往往同時會帶來傷害性，喚起強烈的負面情緒。

新人莫名的吼叫讓習慣先檢討自己、將責任往身上攬、一肩扛起所有責任的愛麗絲產生了「是不是自己做錯了什麼」的想法，這樣的自我質疑，很快引發了罪惡感與愧疚感，憂鬱、沮喪、焦慮、恐懼等一瞬間排山倒海而來，這些壓力造成的體內生化改變也隨之出現，生化改變又回頭強化強烈的情緒，勾起愛麗絲過往那些理所當然的自我犧牲的傷。

那些傷，好像緊箍咒一樣，緊緊纏繞著她的生命。

從小她就隱約覺得，自己的誕生是個錯誤。她的存在，從一開始就對家人造成負擔。她對自己的生命感到罪惡，對於表達自己的需要、不舒服感到愧疚，因為這些關於自己的一切，都是在增加別人的負擔。她習慣將自己擺在他人後面，藉由自我犧牲來填補對自己生命感到罪惡的黑洞。

直到愛麗絲意識到，這樣的自己是不可能幫助別人的，她得先幫助自己，正視那個不見底的罪惡黑洞。她花了許多的時間、心力，深入理解那些自責、自我犧牲帶來的傷。

最終，愛麗絲明白到，生命的誕生非自身能決定或選擇，沒有生命需要為自己的誕生感到愧疚。在從零開始的荒蕪宇宙裡，生命存在本身就是個奇蹟。所有生命都渴望活下去，都需要養分幫助自己活下去，沒有人需要為了這樣的渴望感到罪惡。所有生命在初生的脆弱下，都需要外界的幫助與能量，才能存活下去。

愛麗絲知道，自己誕生後，生活所需要的開銷，確實對經濟物質匱乏的家人造成負擔，但是她的誕生，她的貼心、懂事、負責，也為家人帶來溫暖。她打理家務、照顧弟妹，讓父母精疲力竭之餘，能有一個安靜乾淨的空間可以休息。愛麗絲的自律，也成了弟妹的好榜樣，讓父母從不需要擔心小孩的教養問題。而愛麗絲工作以後，更是一肩扛起家裡多年的債務，讓父母能放心退休，修養身心。

長久以來，愛麗絲看見的自己，都是那個造成別人負擔、消耗外界資源、沒有任何貢獻的角色，她的內心總是充滿了虧欠、愧疚，永遠覺得自己做得不夠，因為愛麗絲從沒正眼看過那個自律、努力、上進、溫暖的自己，在充滿罪惡感的視框下，她所做的、付出的、努力的一切，都是毫無價值，不值得一提的。

匱乏的自卑、成為家人負擔的罪惡感造就了愛麗絲心中嚴厲的審判者，只會找出她的缺點加以問罪。她知道，除非她能正視世界帶給她的美好、以及她帶給世界的美好，否則她將永遠被困在罪惡感的牢籠中。因此，愛麗絲開始學習並練習看見這世界，以及她自己的美好之處。

她回顧過往，發現家庭物質經濟雖然不好，父母為了維持基本的生活開銷而筋疲力竭，生活常壟罩在匱乏的不安全感中，但父母一直都陪伴在子女身邊，盡所能給予關愛，提供穩定的成長環境，也以身作則，示範如何在匱乏中努力不懈、永不放棄。父母堅毅的精神，總會在她感到困頓時鼓舞著她，讓她可以繼續往前走下去。

愛麗絲知道，匱乏、負擔確實是她生命中的一部分，但並不是全部，溫暖、關愛也是她生命的一部分，在審判者面前，她是可以不卑不亢的。她可以大方告訴審判者，她所擁有的、付出的一切：「愛麗絲是在充滿關愛的家庭長大的；愛麗絲傳承了父母堅毅的精神；愛麗絲是個溫暖、自律、努力、上進、負責的人；愛麗絲值得為自己感到驕傲。」

新人的攻擊，重新勾起愛麗絲曾經的傷，讓她再度陷入罪惡的黑洞中。

她想起了尼采所說的：「當我們疲憊，容易遭受曾經克服過的念頭突襲*19。」

在愛麗絲毫無防備時，突如其來的打擊，確實一度重創了她。但愛麗絲知道，如果她過去能夠克服類似的困境，面對這次的打擊，她一定也能夠再度站起來。

新人事件讓愛麗絲回想起了過去的傷、激起了她內在罪惡黑洞的渦流，使心中嚴厲的審判者再度降臨。她深呼吸，喚醒那個溫暖、堅毅、有能量、值得驕傲的自己。她告訴自己：「我並沒有做錯什麼，不用將新人自己的問題，當成是自己的問題。」

愛麗絲想起了尼采充滿智慧的的另一句話：「那些殺不死我的，都將使我更堅強。」

借鏡故事的思考練習

如果發現自己總是想要照顧別人、常對別人釋出善意卻換來惡意……

*想一想，自己的善意，是否真的出自於別人需要幫忙？

*想一想，自己的善意，是出自於真實的情境需要，還是源於自己想像中的擔心？

*想一想，自己的舉動是真的有幫到對方，還是單純在討好對方？

*想一想，自己的行為，是真的對他人有所助益，還是單純希望自己被喜歡？

*想一想，家庭環境、成長經歷，對於自己想要照顧別人有何影響？

*想一想，別人在接受了自己善意後，是回以同樣的善意？還是視為理所當然？甚至是惡意？

*想一想，照顧別人、釋出自己的善意後，自己的想法、感受為何？

是充滿喜悅？還是只有疲累？

＊如何看待想要照顧別人的自己？將來還會想要保持下去嗎？還是會有所調整？

＊照顧別人的過程中自己需要付出什麼代價？對自己的影響是什麼？自己對此有何看法？

如果你發現家人常常扮演照顧別人的角色，但卻越來越不快樂……

＊主動表達你對家人的關心。

＊與家人討論你所觀察到的現象與擔心。

＊分享曾經遇過的類似經驗。

＊找來親近的家人，集思廣益討論所遇到的困境，必要時尋求專業人員的協助。

面對「過度善意」的思考練習

- 想一想，身邊的人是如何對待自己，自己又是如何對待別人的？
- 身邊有誰常對自己釋出善意？自己如何回應這些善意？如何與之互動？
- 身邊有誰常對自己釋出惡意？自己如何回應這些惡意？如何與之互動？
- 依照身邊人給予的回饋，你看到了怎樣的自己？你又如何看待這樣的自己？
- 從客觀第三者的角度觀察自己，你看到了怎樣的自己？你又如何看待這樣的自己？
- 如何看待「過度善意」？「過度善意」對生活帶來何種影響？該如何因應？

・你如何看待「自我犧牲」？「自我犧牲」對生活帶來何種影響？該如何因應？

面對「過度善意」的自我——愛麗絲的故事後篇

從助人工作者的專業角度來檢視這次的事件，我發現自己太快將過去所遇到的困境投射到新人身上，把新人當成了過去的自己，急著跳進去協助新人，卻沒有先瞭解新人的特質及能力，以為新人就是過去的自己，以至於未能及時適當調整與其互動的方式。如果能再重新來過，我應該要先進行理性的觀察與評估，或許就能避免此次事件。

然而，事已至此，我應該就事論事，思考如何盡快讓事情落幕。客觀來看，我想幫助新人的善意以及主動協助新人適應工作的部分，完全沒有做錯什麼。疏失在於，錯將新人認為是過去的自己，以至於高估了新人的工作能力。仔細想想，新人有許多表現，不管是隱瞞個案自殺的訊息，還是忽略個案翹課、翹家甚至是吸毒的警訊，以及對於某些議題的無知，其實都顯示出新人根本不具備足以獨立接案的專業能力，更可怕的是，新人對於「自己沒有足夠專業能力」這件事沒有任何自覺，以為有了助人工作者證照後，就什麼都會了，完全忽略自己不過剛進這領域不久，其實並未具備足夠的專業知能。

雖然第一時間已經向行政主管說明新人的狀況，但主管的包庇，其實就是默許新人持續用她的無知傷害個案。因此，我決定立刻中止自己轉介的個案繼續與新人諮商。

我馬上找來這些轉介給新人的個案、親屬、師長等相關人等，說明因為行政程序問題，無法繼續與新人合作，主責回歸我自己身上，接手願意重新和我諮商的個案，對於不願意的，則另外轉介給適合的機構或其他助人工作者。

新人卻藉此機會顛倒是非，對一些個案說三道四，對我進行不實攻擊與辱罵，造成部分個案對我有所誤解。這些惡意行為，更堅定了我終止轉介個案的想法。我一方面對相關人等加以澄清不實言論，另一方面也加快轉介動作。

在完成所有程序後，我從此與新人劃清界線，不再有任何不必要的接觸。

但此事也帶給我很大的衝擊，花了我許多心力來修復此事帶給我的創傷。

我首先檢視了大腦的警報。

因為被無預期的大吼，警報不斷作響。

大腦警報的目的在於提醒我，隨時注意再次遭受到攻擊與傷害。

我問自己：「可能遭受到的攻擊與傷害為何？」

「新人再次情緒失控，扭曲事實、說謊。」

因此我著手整理了足以佐證新人扭曲事實與說謊的資料，先跟相關人員說明，如果新人再次顛倒是非，便拿出證據予以回應。

雖然預想到各種可能的狀況與做好準備，但我依然感覺到恐慌與不安。

「警報仍持續，原因為何？」我再次對自己提問。

「感覺工作、生命感受到威脅。」

「這是事實還是想像？最糟的狀況是什麼？」我接著追問。

「想像居多，因為我的專業與工作職等，遠在新人之上，新人對我的工作職位完全沒有任何的影響力。再者，現在已經知道新人是什麼樣的人，即便正面發生任何衝突，我也隨時都能做好準備回應、攻擊。況且，我可以完全切開工作上的交集。從事實與最糟的狀況來看，我都具備足夠的能力保護自己。因此，我的恐懼來自於想像而非事實，每當恐懼來臨，我都要將注意力從想像拉回到事實，才能避免陷入想像的漩渦中。」

「為何善意會換來如此惡意？」即便釐清事件的來龍去脈，我內心依然感到忿忿不平，充滿許多情緒與質疑，感到失控與失衡。

面對如此憤憤不平的自己，我的腦海中浮現了日本漫畫家緒城真在《貓之寺的知恩姐》（猫のお寺の知恩さん）裡面描繪的一個片段：「就算是再好的人，只要有在認真努力的做事，在某些人故事中，也會成為壞人。」

也想起了韓劇《機智醫生生活》中的一段話：「有時候不幸的事，也會發生在善良的人們身上。」

仔細想想，有許多類似的事件持續發生在生活周遭，身為助人工作者，我聽過許多類似經歷的故事，而我在身處的社會、國家中，這樣的新聞也屢見不鮮，所以其實我並不孤單。

這世界本來就交錯著善意與惡意在運作著，我告訴自己：「愛麗絲不需要贏得所有人的認同，愛麗絲只要遵從本心，盡力而為，無愧於心便足矣。」

那些為了過得更好的意念，為何成了害人害己的心靈毒物？

「高自尊」的生活運作模式原型——坎蒂的故事前篇

「我是坎蒂，一名新手助人工者。」

在成為助人工者前，我是一名私人公司的小祕書，每天被人呼來喚去，做著泡茶、掃地、文書整理等打雜的小妹工作。我領著微薄的薪水，四處討好上司，看盡他人臉色，也因此換了好幾份工作，雖然很厭煩不停換工作，但當初念大學只是為了取得文憑，並沒有沒培養任何專長，所以不容易找到理想的工作。

在一個偶然的機會下，我看到了研究所的報名簡章，覺得是個翻轉人生的機會。

於是，我跟家人要了大筆的補習費，認真讀書，終於考上研究所，覺得辛苦總算有了回報。我不僅在班上名列前茅，也如願通過考試，成為專業人士。

然而，拿到證照後，我才發現，一切並沒有我想得容易。

原以為證照可以讓人生鍍金，既能受人尊敬，又能有高所得，求職也能一帆風順，但結果並非如此。

開始求職時才了解到，自己對專業的概念還很粗淺，掌握不到重點，還有許多待加強之處。雖然各種治療理論都學了，但沒有一個專精，沒有一個真的會。實習期間，我也只會重複個案的話，表現出我聽懂與理解對方的話，然後告訴對方他做得很好、很棒，然後，就沒有然後了。我不知道怎麼運用大師的治療理論。

但既然所上的教授都說我表現得很好，成績也名列前茅，我應該是很優秀才對。況且，我也是家裡第一個碩士，又擁有專業證照的人。自從我通過助人工作者的考試後，父母也會到處宣揚。而且我的朋友知道我成為專業的助人工作者後，也都非常敬佩我，我成了朋友圈裡最有為的人之一。這是平庸的我，即便力求卓越要證明自己，卻始終不起眼、默默無聞的我，從小到大以來完全沒有過的經驗。

這麼有為的我，必然是優秀的，一定要是優秀的。

經歷漫長的求職過程，我好不容易進到了一個機構，職缺卻只是約聘員工。

機構中的其他人，即便沒有專業證照加身，只是個沒有國家認證的普通職員，卻是正式員工，讓我很不能接受。更不能接受的是，這些人在機構裡又擺出資深前輩的樣子，讓我覺得好像又回到以前那個打雜小祕書的位置。但明明我就是個擁有證照的專家啊！為何地位會不如這些沒有證照的人？

耳聞我現在的職缺，是因為前一位離職者無法融入辦公室，也沒有個案可以接，到任沒多久就待不下去。因此我要忍耐，先與辦公室所有人打好關係，避免重蹈覆轍。我記下所有人的生日，買蛋糕、買禮物替他們慶生。即便我很討厭主管，但由於他掌握著我的考核與續聘，我也只能事事順從，笑臉以對。

後來我發現，辦公室裡面只有一位資深同事不會擺出前輩的架子。不但如此，她還會主動轉介案子給我，盡可能讓我做專業工作，避免打雜。也會仔細對我解說相關事項，講話也非常客氣，讓我非常意外。然而我想，畢竟她沒有證照，轉介給我，應該也是因為這人專業度不足、不如我，需要仰賴我吧！就在他轉案給我後，辦公室的其他人也陸續轉了一些案子給我，我想應該是認同了我的能力和表現吧！

原本接手由她轉來的個案還算順利，但不知為何，個案開始出現各種狀況，翹家、翹課、失蹤、自傷甚至吸毒，個案也開始不來，甚至想要結束晤談，這都跟轉介時講得不一樣啊！出現這些狀況以後，她居然還要求我要進行通報，破壞我跟個案的關係，明明就只是一個沒證照的人，憑什麼對我的處理方式指指點點的。後來居然還讓家長、個案學校老師直接跟我聯繫，施壓我要處理那些我認為不需要處理、會破壞我跟個案關係的問題，我想，她原本的和善一定都是裝的，一定是她要害我、搞我、陷害我，讓我待不下去。

我越想越氣不過，於是有一天，我當著辦公室所有人的面，對著她大罵。結果她居然針對我的質疑指責一一冷靜回應，讓我下不了臺，最後我又再次指著這個人大罵莫名其妙，失控地衝出辦公室，焦慮地在外面踱步，直到主管出來安撫我為止。

沒想到隔天，她竟然要把她轉介的個案全部收回。職權上，她高於我，這些個案也確實主責在她，我只好拜託主管，希望可以留下一些案子，接著再與個案講她的壞話，增加個案願意跟我續談的機會，最後勉強留下幾個案子。之後，我到處跟公司其他人抱怨這位前輩，一開始得到許多支持，但時間久了，我發現，大家還是跟前輩關係很好，並沒有因而疏遠她，反而是我與其他同事越來越疏遠，雖然其他人表面上還是好像跟我關係不錯，但再沒有人轉案給我，只剩下討厭的主管派給我越來越多與專業工作無關的雜事。

我越來越焦慮，是不是也會跟前任離職者一樣，待不下去……

侵略與攻擊能延展自我與減輕焦慮

坎蒂多年來從事被人呼來喚去的工作，她的客氣、有禮並沒有換來尊重，反而換來不斷被侵略、被剝奪，她無法發自內心，對自己產生認同與肯定，內在的天秤始終處於失衡的狀態，她渴望外界給予價值感，但外界給予價值的方式便是貶抑與侵略——貶抑她的個人價值，侵略她的個人界線——因此她無法久留於任何工作，始終惶惶不安。她對外界始終懷有敵意，而她看待世界的方式，也正是她對待自己的方式——她對自己也懷有敵意。她的惶惶不安，由外而內，也由內而外。面對這分不安，她的應對方式就是逃避與侵略。

她無法長久穩定地工作，也無法與一群人建立關係，一旦工作不順利，與人的關係發生了磨擦，她就覺得被侵略。她也逃避面對自己，無法接受自己的軟弱以及敵意。

當她到了新環境，遇到了一個友善、親切的人，她的角色便隨之反轉，由被侵略者轉為侵略者。過去所遭受的不平，全部移轉到這人身上，釋出所有累積的敵意、不滿。

羅洛梅認為，侵略是一種向外的移動，移動至他人的領域，將他人的權力移轉到自己身上，是種帶有惡意的接觸。他也提到，佛洛伊德所提出的死亡本能便是在強調，侵略主要在於對抗自己「終究不免一死」的狀況，所以侵略必須轉向對抗他人與外在的客體，以避免自我的毀滅[20]。

亞隆認為，人們會藉著膨脹自己與控制的層面，逃避自身的恐懼與限制。權力加身能減輕對死亡的恐懼，特別是當恐懼特別強烈，攻擊性就會增強[6]。

坎蒂完全沒有意識到，自己正在做過去討厭別人對她做的事情，也就是侵略與攻擊。藉由侵略與攻擊，對過去傷害她的人進行報復，她將過去別人所造成的傷害，完全投射在眼前這個友善、親和、不以資深者自居的前輩身上。她合理化自己的行為。當她將所有罪責歸咎於前輩身上，她覺得解放了，終於脫離那個弱小、無能的角色位置。

上一次體驗到這種解放感，是她通過專業證照考試，取得專家身分的一刻。然而，那種感覺並沒有維持多久，因為她很快又面臨求職的挫敗。她雖有專業不足的自覺，但這種自覺，又激起了她急欲擺脫的無力感，於是，當她遇到了與過去的她同樣客氣、有禮的同事，她彷彿也看見了過去那個弱小的自己，便將所有的怒氣，全部遷怒於其身，以證明自己的強大。

權力帶來多巴胺愉悅

人們如何證明自己的強大？

透過與他人做比較，只要能證明自己比別人高一等就是強大。

我們想辦法取得更多的名利、權力以及社會地位等。這些資源一方面有益個體的生存，另一方面也能滿足內在的價值感。許多人取得這些資源的方式就是去攻擊、貶抑他人。就如同坎蒂對這位照顧她的資深前輩所做的事情一樣。

殺戮、犧牲、攻擊以及貶抑他人，是展現權力的方式，在某個程度上墊高了個人的社會地位，人們因此而得到慰藉，並產生了良好的價值感。

社會地位帶來的價值感滿足，不單純只是抽象的感受，也是一種實質的生理變化。這已經被M・納德（M. Nader）、D・摩根（D. Morgan）和K・格蘭特（K. Grant）三位博士等人的實驗所證實。他們發現，社會階級會影響猴子腦中的多巴胺系統和使用古柯鹼的劑量[*12]。

這個實驗中，研究者將二十隻食蟹猴分開圈養一年半。研究者首先讓這些猴子在獨居時接受正子斷層掃描，測量多巴胺受體的濃度，以四隻猴子為一組，分成五組，讓牠們在各自群體中共同生活好幾個月。這些猴子在這段期間，建立了社會階級，出現支配和從屬的猴子。

支配位階的猴子較具有攻擊性，也較常接受其他猴子協助理毛。研究者後續再次掃描這些猴子，發現支配位階猴子大腦中多巴胺受體的濃度增加了，而從屬位階的猴子多巴胺受體濃度則沒有顯著改變。

此外，研究者也發現，支配位階的猴子自行施用古柯鹼的量，也比從屬猴子少，代表幾個月內的社會地位提高，減輕了猴子古柯鹼使用的脆弱性。換句話說，社會地位的改變，其實也改變了猴子大腦的生化反應。

取得社會地位、擁有較多的權力，會帶來良好的感覺，引發生理的改變，讓個體覺得自己比較強大、擁有較多有利的資源，這是一種生存的本能。在原始的生存環境裡更能彰顯出社會地位與權力的價值。然而，在現實的文明世界中，透過攻擊、貶抑來墊高自己，得到較多權力與強大的自我感覺，真的對生存較有利嗎？還是只是存留在本能中的錯覺？

以崁蒂的狀況來說，攻擊前輩所帶來的短暫多巴胺愉悅，很快就會退去。她將面臨的後果是失去一位最幫忙她的前輩，而其他人看到她如此待人，也會保持距離。長期來看，她的行為孤立了自己。

他人即地獄

尚-保羅·沙特（Jean-Paul Sartre）在《存在與虛無》（*L'etre et le neant*）中提到：「他人的注視對我赤裸裸的身體進行加工，它使我的身體誕生、雕琢我的身體、把我的身體製造為如其所是的東西，並且把它看作我將永遠看不見的東西。他人掌握了一個祕密：我所是的東西的祕密。他使我存在，並且正是因此占有了我，並且這種占有不是別的，只是意識到占有了我[*25]。」

個體的主體性以及對自我的認定脫離不了他人，不管是他人對個體的直接評價、個體以為他人對自己可能產生的評價，或者是在與他人比較後所呈現出來的位置，都會影響個體怎麼看待自己。

個體一方面渴望外界的回饋來定位自我，另外一方面卻也擔心外界如何看待自己。我們需要別人的關注、期待別人關注自己來確認自己的存在，卻又擔心別人如何關注我們，以及這樣的關注對自己帶來的影響，這樣的矛盾形成了衝突的張力，因為外界擁有如何看待個體的自由，而個體並無法控制外界的這分自由，也就是說，**「別人如何看待我們」是我們無法掌控的，別人永遠擁有一個任意評價我們的權力，而這個權力是我們無論如何都無法撼動的。**

沙特在《存在與虛無》中接著說：「他人的自由，是我存在的基礎。但是恰恰因為我通過他人的自由而存在，我沒有任何安全感，我處在這種自由的威脅之中；這自由把我的存在和『使我存在』揉合在一起，它給予我價值又取消我的價值，我的存在由於自由得以永遠被動地逃離自我。我介入其中的、但又不負責任並不可到達的這種變化多端的自由，它反過來能使我介入成千種不同的存在方式。我恢復我的存在的謀劃，除非在我控制了這個自由並且只在我把這自由還原為順從我的自由的自由存在時才能實現。同時，這是我用以干涉內在的自由否定的唯一方式，別人正是通過這否定把我構成別人，也就是說，我能以這否定準備開闢將來使別人和我同一的途徑*25。」

因為無法掌控他人如何評價我們的權力，因此會感到威脅、沒有安全感，進而想要控制別人。沙特認為，在愛情中，這種想要控制別人如何評價我們的慾望，更容易被觀察到與理解：「如果恰恰只是他人使我存在，為什麼我想把他人化歸己有呢？但是這正好包含某種化歸己有的方式：**我們想占有的正是別人如此這般的自由。**這並非出自於權力慾：暴君不在乎愛情，他滿足於恐懼。如果他尋求臣民對他的愛，那是通過政治，如果他找到了更經濟的方式奴役他們，他早就採用了。相反，**想被愛的人不願意奴役被愛的存在。他不想變成一種外露的、機械的情感對象。他不想占有一個自動機**，並且如果人們想羞辱他，只須把一種像心理決定論的結果那樣的被愛者的情感向他表現出來就夠了。戀愛者感覺到自己在他的愛情和他的存在中被貶值了。如果崔斯坦和伊索德被媚藥弄得神魂顛倒，他們相互間的興趣卻減弱了，並且被愛的存在若完全處於被奴役地位，有時就會扼殺戀愛者的愛情。目的被超越了：**若被愛者被改造成自動木偶，戀愛者就又處於孤獨之中。於是，戀愛者不想像人們占有一個物件那樣占有被愛者；他祈求一種特殊類型的化歸己有。他想占有一個做為自由的自**

由[*25]。」

我們希望別人是在出於自由意志的狀態下，做出對我們正面的評價，或產生符合我們對自我觀感的想法。這樣出於自由意志的肯定，有別於無情感、無意志在其中的機械式反應，才具有形塑與彰顯自我的價值。然而，這其中的未知與不確定性讓人焦慮，因而讓**我們忍不住想要去控制別人的自由意志，以做出符合自己期待的評價。然而矛盾的是，當我們占有別人的自由意志，這個自由意志就不再自由了，而會淪為一種傀儡的表象，失去其價值。**

當我們陷入想要占有別人的自由意志，讓別人做出能讓我們對自己有好的自我觀感的言行，或是想要操控別人來定位自己、證明自己的存在、彰顯自己的價值，卻又希望別人能發自內心、不虛偽造作地認同自己、喜歡自己，為此糾結、煩惱無法跳出這個漩渦，他人對我們來說，就是一種煎熬。如同沙特在其劇作《無路可出》（*No Exit*）中提到：「他人即地獄。」

在這過程中，我們很容易變得扭曲。

尼采在《善惡的彼岸》（*Jenseits von Gut und Böse*）中的警語，深刻地提醒了我們：「與怪物戰鬥的人，應當小心自己不要成為怪物。當你遠遠凝視深淵，深淵也在凝視你。」

當別人做出不符合我們期待的言行，我們眼裡所見的對方，可能是怪物，我們會為了自己的正義與怪物戰鬥，殊不知，從別人的角度來看我們，我們才是真正的怪物。

崁蒂對自己的能力與價值感到質疑，但逃避面對自己的狀態，無法誠實地面對自己，甚至欺騙自己。她拒絕承認對自己的能力有質疑，並將這分對自己的質疑投射到外界，投射到她覺得最容易攻擊的前輩身上。她亟欲證明自己的價值，她想要同事、朋友認同她的專業，想要家人以她為傲，想要全世界都肯定自己的價值，這樣就可以弭平她對自己的質疑，才能認同自我並找到自己的價值。在她的世界，她把前輩妖魔化，成了要迫害她的怪物，攻擊怪物讓她覺得能保護自己、證明自己、彰顯自己，但事實上，真正的怪物是她自己，而且她完全沒有自覺，她攻擊的對象，其實是自己。

所以，她的不安不但沒有消失，反而越來越嚴重，甚至被焦慮給淹沒。

借鏡故事的思考練習

如果發現常看某些人不順眼，就算對方沒對自己做什麼，甚至對自己不錯……

＊看到對方哪些言語、行為、表現或任何的部分會覺得很不愉快？

＊這些自己看不順眼的部分，對自己生活的影響為何？

＊這些自己看不順眼的部分，是因為侵害到自己或他人的哪些權益？還是因為對方擁有自己所沒有的？或者是因為對方具備自己所擁有的？又或者是因為勾起了什麼不好的回憶等其他任何原因？

＊你對這些看不順眼的部分有什麼想法？這些想法如何影響自己？

＊自己對這些不順眼的部分採取了什麼行動？這些行動對自己和對方有什麼影響？

＊想一想，自己身上有沒有同樣具備那些「看不順眼的部分」？自

己是如何看待、面對或因應？

如果你發現有人對你看不順眼……

＊想想你與對方的互動經驗？對方是怎樣的人？

＊對方的言行舉止對你造成何種影響？

＊你如何看待對方的言行舉止？你如何因應？

＊你因應對方的方式，對生活造成何種影響？

面對「高自尊」的思考練習

- 想一想，自己在團體中常扮演什麼樣的角色？領導者？跟隨者？傾聽者？異議者？或其他角色？
- 自己如何看待自己在團體中的角色？
- 別人如何看待自己在團體中的角色？
- 自己想要成為團體中什麼樣的角色？
- 希望別人如何看待自己在團體中的角色？
- 自己獨處時與在團體中有什麼差異？
- 期待自己成為什麼樣子？目前的所作所為符合自己所期待的樣貌嗎？兩者是否有落差？落差在哪裡？如何調整？
- 如何看待現在的自己？
- 如何達成對自己的期待？

面對「高自尊」的自我——坎蒂的故事後篇

自從那天與前輩吵架後，我的案子就越來越少，很擔心到後來完全沒案子，就必須跟之前同一個職位的人一樣離職。另外，我也很擔心之前跟其他同事還有前輩講過主管壞話的內容會不會傳到主管耳裡。主管其實和其他同事處得並不好，之前為了穩固和同事以及主管的關係，我分別對兩邊講了很多對方的壞話，讓主管和同事都認為我是站在他們那邊的。

為了繼續維持與同事和主管的關係，我只能持續雙面討好。討好辦公室其他同事，三不五時就親近他們，跟他們裝熟、聊天、講主管壞話，或幫他們訂午餐、飲料來保持關係；討好主管，每天都主動對主管問早、問好，跟他分享很多家裡的事情，也跟他說很多同事的壞話，另外還常常開車接送他或幫忙他載東西等，畢竟他擁有我部分的考核權。

即使大家表面上好像都跟我維持不錯的關係，但我的案子還是越來越少，工作的專業度越來越低，只能做整理資料的雜務工作，就像我以前的工作一樣。每次進到辦公室，我都很焦慮，很擔心別人會不會覺得我不專業、沒做事。但事實上，我是專業人士啊！我剛從學校畢業沒多久，學的是最新的東西，照理說比他們更專業才是！為什麼我老是要做雜務？為什麼他們的案子都比我多？為什麼我得像外送員一樣，每天幫他們訂餐點？為什麼都是我得討好他們，而不是他們來討好我？真是氣死人了！而我卻還不能表現出來，到底得持續這樣維持表面關係多久？這些人都不知道我多麼專業、多麼厲害、多麼有價值嗎？

我的心理越來越不平衡，身體也越來越容易生病，睡眠品質變差。最後，我離職了。

我尋求了專業的協助，才慢慢意識到自己的問題。

我其實並不瞭解自己所學，當初投身其中，只是為了證明自己也能成為頂尖專業人員。我的急就章、表現取向，讓我只在意能不能讓別人覺得我很厲害，而不是真的具備專業能力。我學會使用很多的業界術語，講很多漂亮的話，為的都是得到外界的讚賞。但其實，我的心裡很不安，因為我只會很表面的東西，根本不懂實質內涵。

特別是進到職場後，我發現我只會重複、附和個案講的話，空泛地讚美。因此我很害怕被個案看穿我只會這幾招，也很害怕對方會不想跟我晤談。為了留住想要終止晤談的個案，我用了很多違反專業本質的方式。例如明明知道應該固定晤談時間，但為了討好個案，就任對方隨意更改晤談時間，或有些個案明明沒什麼大問題，也沒有想晤談，我卻告訴他他的狀況很糟，要求他得持續跟我晤談；面對個案吸毒、自殺等得通報的法定狀態時，我卻答應要保密以免被個案討厭；跟由前輩轉來的個案講前輩的壞話，讓個案認為我比較厲害；和個案一起大力批評父母，讓個案覺得我瞭解他。

這些留住個案的方式，使我的內心更加不安。我很怕被別人知道，我做了這麼多違反專業本質與倫理的事情，只為了留住個案。為了掩飾不安，我只能更加討好身邊的人，不管是同事、主管還是個案，並且持續攻擊與孤立前輩，來證明自己是對的。但這些作為也讓我更加不安，擔心總有一天被人看穿。

我覺得好累。我怕無法再找到更好的工作，也擔心家人不知道會怎麼想我，畢竟當初跟家人要了大筆的錢投入這個領域，話也講得很滿。如果親戚知道我離職了，不知道會怎麼評論我，我擔心家人會因此顏面無光而一直硬撐著，直到身體出現了很多毛病，再也撐不下去為止。

回想我之前擔任祕書的工作，雖然薪資不高、沒有證照的高專業性，做很多雜務，也常被呼來喚去，但我不用假裝自己多專業、不用欺騙身邊的人，也不用一直掩飾自己，證明自己多傑出、多厲害，至少能比較自然地展現自己。雖然瑣碎的事情很多，但都是我能夠勝任的事情。

經過一段時間的休養與整理，我決定跟家人坦承這一切。

我認清自己的不足，決心放下「擁有證照的專家」這個身分包袱。我理解到自己並不適合這個職務，而且可能會對人造成不必要的傷害。

我覺得需要花更多時間來認識我自己、接納我自己。因此，我決定重新尋找適合的職務。

第三章

質變後的影音、社群

當我們想要放鬆身心壓力，
而投入多元的影音娛樂中，
卻越陷越深、無法自拔，
就顯示那些原本提供放鬆、娛樂的享受，
正在慢慢產生質變，
成為另一種更加巨大的壓力來源。

當我們想要與別人連結，
獲得接納與理解，
而投入各種社群中，
卻覺得自己越來越糟、越來越不快樂，
就顯示那些原本拉近我們與他人距離的社群，
正在慢慢產生質變，
成為讓我們疏遠他人與自己的媒介。

如果我們不能懸崖勒馬，
審視自己的現狀加以調整，
這些原有的美好，
最終都將可能成為拖垮自己與他人的束縛。

提供娛樂享受的電動遊戲，為何卻成了使人放棄現實生活的心靈毒物？

「電動人生」的生活運作模式原型——凱文的故事前篇

「我叫凱文，一天不打電動就活不下去。」

但事實上，就算打了電動，也是活得很辛苦。

我搞不清楚這兩者之間，到底哪個是因，哪個是果。

打電動時，我能專注在眼前的螢幕任務裡，即便不是每次的任務都可以如預期中達標，但失敗又何妨？我可以重新開始，更重要的是，透過反覆的練習，就可以精熟技術、升級。只要付出，就一定會有所收穫和回報。

這跟現實生活有非常大的區別，現實生活不是有付出就有回報，也不是好人就有好報，現實生活不存在正義這種東西，但在電動裡，只要我等級夠高，就可以伸張正義，而我就是正義。只要進到螢幕裡，就可以看到自己持續前進，我可以不斷進步，為此，我感到愉悅、有希望而且充滿意義。

但不知為什麼，在同一時間，我也覺得空虛。

所有充滿意義的愉悅進展，都只保留在螢幕裡，無法帶到螢幕以外的生活，只要關掉螢幕，我就什麼都不剩了。所以我無法關掉螢幕，甚至無法離開螢幕，這螢幕就是我的全世界。

但即使螢幕開著，我依然感到疲憊。

我所處的環境非常昏暗，螢幕是唯一的光源。

仔細一聞，附近充滿了異味，我已經很久沒有洗澡了。

我轉頭看著身旁的尿桶，它已經滿了，甚至有一點溢出來，沾到了我所吃的食物包裝袋，這些包裝袋也已經從垃圾桶裡面滿出來了。整個房間都很骯髒、汙穢、昏暗、還有各種蟲子，看起來就像個異世界囚犯的審問室，不像是人類居住的地方。不過對我來說，螢幕以外的空間怎麼樣都無所謂。

叩叩叩……

房間外傳來了敲門聲，是飯菜送來了。

我不會從電腦桌前離開，誰關掉螢幕就是要毀了我，我會不惜一切跟他拚命，即使是父母。

我因為打電動不出房門、不洗澡、不吃飯，跟父母有過多次衝突。一開始我完全充耳不聞，無視他們對我絮絮叨叨，反正他們罵完之後，我還是照樣繼續打我的電動。

直到某一天，他們直接拔掉了我電腦的電源，沒收我的手機。我瘋狂地大叫，不停地咒罵他們。他們動手打了我，然後，我也動手推了他們，接著到樓下用家裡市內電話打電話報警說他們家暴。

警察和社工都來了。類似的事情重複發生了好幾次。

但我還是照樣打我的電動。沒有人可以關掉我的螢幕，關掉我的世界。

久了，父母也放棄與我爭論，只會把餐點放在門外後敲門通知我。

我站起身來要去門外拿我的晚餐時，突然感到一陣暈眩。各種魔獸出現在了我的眼前，張開血盆大口，對著我嘶吼，接著，將我整個人吞噬……

緩解不如意的美好救贖

生活難免不如意。

每個人都有應對自己不如意的方式，對凱文來說，打電動就是一種有效應對挫敗的方式。電動的世界對他來說是如此美好，是生活不如意的完美救贖。

腦造影研究發現，發光的螢幕（例如平板電腦）會刺激大腦快樂中樞，提高多巴胺的濃度，讓人感覺愉悅[*1]。

美國華盛頓大學甚至利用虛擬實境的電動遊戲來治療燒燙傷病患的疼痛。

對嚴重燒燙傷的患者來說，他們要藉由麻醉鴉片劑來舒緩燒傷造成的劇烈疼痛，但這類藥品具有高度的成癮性。因此，華盛頓大學的帕特森（David Patterson）和霍夫曼（Hunter Hoffman）兩位心理學家研發出「冰雪世界」這款虛擬實境的遊戲，來替代麻醉藥品幫助患者緩解疼痛。在穿上頭戴式虛擬實境裝置後，患者可以在「冰雪世界」中的寒冷冰上世界，使用搖桿對來回行走的企鵝列隊丟雪球。

研究團隊發現，**當患者沉浸在遊戲中，會經驗到類似嗎啡等藥品緩解疼痛的作用**，讓他們可以不再需要鎮痛的麻醉藥品。研究團隊雖然還未完全釐清背後的運作機制，但可以確定的是，對嚴重燒燙傷的患者來說，「冰雪世界」的止痛效果比嗎啡還好[*1]。

電動對凱文來說，就像藥物一樣，能夠緩解他的焦慮，是一種自我療癒的方式，讓他不必持續待在挫敗的轟炸裡。像是拯救他的天使。

但是焦慮的緩解是暫時的，當凱文不能從緩解的過程中去思考與學習如何真正有效地面對真實生活的問題，天使就會變成惡魔。

過量的惡魔

長時間沉迷在電動裡對凱文帶來了各種負面影響。

電動的虛擬經驗會活化大腦中的多巴胺。根據柯普（M. J. Koepp）在一九九八年的研究，電動增加的多巴胺程度與性愛相仿，約為百分之百。而當時研究的背景是早期電動聲光效果，與現今超逼真的遊戲相距甚遠，因此可以想見，現今的電動遊戲很可能會刺激大腦生成更多的多巴胺*1。

成癮專家尼可拉斯・卡爾達拉斯（Nicholas Kardaras）博士認為，多巴胺是成癮的關鍵。當需求被滿足、慾望被實現，多巴胺就會釋放到大腦的快樂中樞「伏隔閡」，讓人感到愉悅。多巴胺會酬賞有利於生存的自然機制，例如進食和性愛。在自然機制下，要活化多巴胺，通常要付出對等的努力、等待或仰賴某些生物功能，但是**打電動、賭博或藥物，卻能讓我們繞過這些努力、等待或生物功能，短時間內重複享受多巴胺大量湧入伏隔閡的愉悅，長期處在這種狀態中，會對額葉皮質帶來負面影響，損害大腦衝動控制的能力，使得克制接觸成癮**

物質的行為變得更困難，同時造成多巴胺的基礎濃度降低，使人更渴望得到多巴胺的愉悅，陷入供需失衡的惡性循環[*1]。

卡爾達拉斯博士也提到，電玩會讓人沉迷在多巴胺的愉悅中，其實並非偶然，因為遊戲公司會僱用優秀的神經科學家和神經生物學家來測試玩家在打電動時的狀態，以確保遊戲能持續吸引玩家，他們會在測試玩家的身上裝電極，確認玩家在打電動的幾分鐘內血壓、排汗以及膚電反映有沒有增強，若沒有，他們就會改善遊戲直達到期望目標為止[*1]。

美國印第安納大學醫學院於二〇一一年研究發現，打電動一個禮拜就足以讓腦部發生變化。他們將二十八位十八至二十九歲且很少接觸暴力電玩的男性參與者隨機分配成兩組，電玩組持續一周在家每天打射擊電玩十個小時，控制組則完全沒有接觸電玩。接著，第一個星期和第二個星期用功能性磁振造影分析兩組參與者，發現打了電動的成員在左側下額葉和前扣帶迴皮質的活化程度下降，而這個區域與**個人調控情緒和暴力行為**有關。而當電玩組不打電動一周後，該區域的活化程度便回復於接近控制組的狀態。這顯示出，**打電動之類的螢幕活動和大腦的異常存在著因果關係[*1]。**

卡爾達拉斯博士指出，電玩的閃光等螢幕刺激也會干擾神經路徑中的髓鞘發展。髓鞘就像電纜上的絕緣材料，是由膽固醇組成的白色脂質包裹在數兆個神經元的軸突上，提高神經網絡傳導的效率，以更有效地重現學習過後的思考與行為。而過度的電玩刺激會損害髓鞘，影響專注力、注意力、同理心以及區辨現實的能力。而腦造影研究顯示，**電玩對大腦的損害，類似古柯鹼等藥物，可能會破壞額葉、枕葉和頂葉之間的區域的功能性連結，進而產生行為障礙[*1]。**

這些症狀都出現在凱文的身上。

此外，凱文還產生了**遊戲轉移到現實生活的精神症狀**。

至此，電動從緩解挫敗的天使，變成了荼毒生活的惡魔，**凱文打電動引起的負面連鎖效應，已經變成心靈毒物，侵蝕了他的生活。**

凱文內心的蹺蹺板最初是因為生活的挫敗失去平衡，他利用打電動重拾愉悅的心情，但是現實生活中的問題並沒有獲得處理。他被動地面對困境、用「不變」的方式維持生活的穩定，這種「拖延」讓挫敗感變得更嚴重，低落的情緒也牽動他體內的血清素、去甲腎上腺素以及多巴胺等神經傳導物質往低谷的方向前進，造成更深的沮喪。**面對此種失衡，凱文更加仰賴打電動的愉悅來面對挫敗感，最後陷入了極端，導致全面的失控。**

沉迷電動對凱文來說，不但導致了成癮、大腦受損的問題，也引起內疚、浪費了時間的罪惡感，他在現實世界中沒有任何成就，不但疏遠了身邊所有人，也疏遠了自己。這樣的內疚，引發了更嚴重的不安，讓他更投入打電動來逃避這些問題。

心理學家羅洛梅曾說：「當人否認自己的潛能、無法實現潛能，他的狀態就是內疚。」哲學家田立克（Paul Johannes Tillich）也說，人是自己的審判者，必須回答要使自己成為什麼的問題。而當人沒有發揮自身的能力，就會產生哲學家齊克果（Søren Aabye Kierkegaard）所說的「不願意成為自己的絕望」*17。

絕望是一種動力，雖然讓凱文在現實生活更加趨向消極，但在同一時間，卻也促使他更積極投入虛擬世界的表現中，希望藉此證明自己的價值。

可惜現實世界與虛擬世界始終存在著一道鴻溝，更重要的是，虛擬世界是奠基在現實生活上的。當凱文的現實生活搖搖欲墜，不論他在虛擬世界如何傑出，虛擬世界終究會跟著現實世界崩塌。

除非他願意面對現實生活的挫敗，承認自己對目前處境的責任，改變應對方式，學習能真正解決現實生活問題的方式，否則他只會讓自己的身心和生活陷入到更嚴重的失能狀態中。

借鏡故事的思考練習

如果發現自己沉迷在電玩裡不可自拔……

＊如果最初打電動是為了放鬆、趣味，就要隨時檢視，持續打電動能否繼續達到放鬆、趣味的效果，還是增加更多的生活壓力？

＊主動學習電玩影響身心的知識，瞭解過量的電玩時間對大腦和身心所造成的傷害。

＊思考目前花在打電動的時間和心力，對生活的影響為何？對自己工作、學業、人際關係的影響為何？繼續下去會發生什麼事情？

＊思考自己對目前的生活滿不滿意？自己對目前的生活處境有什麼樣的責任？可以做什麼來改變？

＊想想沒有打電動之前的生活是如何運作的？

＊想想目前生活的重心有哪些？

＊重新安排生活事項的優先順序。

＊與身邊親近的人討論。

如果發現家人只活在電玩的世界裡……

＊如果可以，在一開始就要建立打電動的時間限制，家人過度增加打電動的時間，就要注意並互相討論，避免陷入後續沉迷的狀況。

＊一起生活的家人會互相影響，家人對彼此都負有責任，沒有人可以置身事外。

＊如果家人已經有沉迷的情況時，務必找個他沒在房間打電動的時間，全家坐下來，看著彼此的眼睛，討論如何面對當前的困境。

＊讓沉迷電動的家人知道，打電動不只影響他的生活，也會影響全家人的生活，不只是他的事情，而是全家的事情。

＊全家人都要一起互相提醒與協助，共同建立一個減少使用3C和打電動的家庭環境。

＊尋求醫療相關專業人員的協助。

面對「電玩人生」的思考練習

- 我對自己目前生活型態有什麼看法？滿意與否？
- 現在生活型態有哪些是自己所做的決定造成的？
- 我目前跟家人的關係、朋友的關係、同學或同事的關係如何？自己在其中扮演什麼樣的角色？我對這些關係的發展和走向負有什麼責任？
- 面對眼前的困境，我做了什麼？我的所作所為，對困境有什麼影響？是讓困境往更好的方向改善？還是變得更糟？持續現況下去會發生什麼事？
- 我怎麼想當前所遭遇到的挫敗？這些想法對我有什麼影響？我是變得更積極因應挫敗還是更消極逃避問題？
- 我對自己有什麼看法？我有善用手邊所擁有的資源嗎？我有發揮自己的潛能嗎？

面對被電動綁架的自我——凱文的故事後篇

「我是凱文，因為沉迷電動造成全身多處栓塞，昏倒就醫。」

我在醫院醒來後覺得很焦慮。

事實上，焦慮從來沒有停止過，生活中有太多不開心的事情了。因為不開心，所以我打電動。在電動的世界裡我可以掌控一切，讓我覺得開心。

但我的開心和掌控力，只存在眼前的電動螢幕世界裡。只要眼睛一離開螢幕，我的生活就又開始全面失控。所以我捨不得把眼睛離開螢幕，直到我現在躺在醫院裡。

醫師告訴我，我一度命危，如果不是及時發現，很可能已經不在人世了。他說，送我來醫院並陪伴在我身邊的不是電動，也不是電動裡的那些隊友，而是對我不離不棄的家人，而且他們哭得很傷心。

看著趴在病床邊熟睡的父母，我發現到他們真的老了。想到我居然曾經為了打電動而推他們，內心真的覺得很抱歉。

醫師還提到，電動對大腦的傷害類似毒品，我也因為長期打電動造成栓塞而傷害身體。他問我，我的生命中除了電動以外，還看見什麼？我還想做什麼？

我想了很久，如果我的生命下一刻就結束，我想看見的是我的家人，而不是電動。我想要把握最後的時間跟他們相處，而不是繼續躲在昏暗的房間，盯著發光的螢幕。

我腦還中浮現一個畫面：有一個人一輩子就活在一個小房間裡，盯著發光的螢幕過活，最後死在螢幕前面。這畫面讓我覺得很可悲，而這差點就發生在我身上。

我還想做什麼？

我不知道，因為我根本不知道電動以外的事情，也沒有去瞭解電動以外的世界，所以我覺得現實生活很無聊，但其實是我把自己的生活過得很無聊。父母提供我衣食無憂與充沛的學習資源，我卻整天窩在房間裡打電動，自怨自艾，把生活過得如此糟糕。對此，我要負很大的責任。

那些讓我焦慮的生活問題依然讓我焦慮，但我想，再怎麼樣都不會比死在昏暗小房間的發光螢幕前還悽慘。如果我真的就這樣死在骯髒的小房間裡，真的會後悔一輩子。

雖然接下來的路可能會很漫長和困難，但我知道，是時候回到現實了。

我的父母將我養大，不離不棄守護我到現在。現在，應該換我站出來守護他們了。

推動人們緊密連結的渴望，為何卻成了束縛自己的心靈毒物？

「社群人生」的生活運作模式原型——麗恩的故事前篇

「我叫麗恩，在網路社群上擁有幾千位臉書好友。」

在現實生活中，我有幾位常聚會的朋友，曾經我們感情很好。

但自從我們開始經營網路社群後，關係就開始有些變化。

最大的變化是，當我們聚在一起，氛圍沒有以前熱絡。

從前，不管是開心還是難過的事情，我們都會聚在一起彼此分享。然而現在，很多事情大家都不會當面講，反而是看到彼此的貼文才知道。

我要結婚的時候，一一致電告知這些好友們，並在聚會時當面發喜帖給他們，邀請他們來參加我的婚禮。我也記得，當我生了第一胎，我也是一個一個打電話告訴他們，分享喜悅。

但是，當有了網路社群之後，要結婚的朋友只是在網路社群上公告一個連結網址，詢問看到這個連結的人是否要參加他們的婚禮。我並沒有接到他們的電話告知或被當面邀請，而是在連結網址裡面的問卷中選填我要出席婚禮。甚至，他們的寶寶出生時，我也是看到他們張貼在網路社群裡的照片才知道。我心裡面有種奇怪的感覺，但大家好像不覺得有什麼，紛紛在該公告下，留下了祝福與恭賀的話語。

漸漸地，朋友們在網路社群上透露愈來愈多我所不知道的生活訊息，而且留言的人，從一開始只有我們幾個要好的朋友，到後來愈來愈多我們不認識的人。文章也從一開始的限定好友閱讀，變成公開為所有人都可以閱讀。

以前再怎麼忙，我們都一定會抽空定期聚會，但現在，我們不再像之前定期聚會了。即使聚會，也不像之前那麼有話聊，大家常常都低著頭玩手機。

朋友們在網路社群上發文的頻率愈來愈高。內容包括了去哪個知名景點遊玩、哪間美食餐廳用餐；在某些節日與家人或朋友的開心聚會照；在工作上取得了重大成就的自拍照；有些人成立了自己個人的粉絲團，開始評論自己專業領域或發表時事評論等。而這些發文的內容，很少在我們聚會的時候提到。

不知道為什麼，看到這些文章時讓我覺得有些不舒服，好像大家的生活都很多采多姿、豐富精彩，每個人都過得很好，而且底下有非常多讚美和附和的留言。相較之下，我的生活顯得平凡無奇，還充滿挫折。每次看到這些文章，我都覺得自己過得很糟。此外，我也常常檢討自己，怎麼心胸如此狹窄，好像見不得別人好。

於是，我也開始跟朋友們一樣，頻繁的發公開貼文，不停地增加網路社群上的朋友數量，即使我跟這些人根本不熟，甚至有些人我根本不認識，像是同事的同事、朋友的朋友，或是根本完全不認識的陌生人。

我花了許多時間在經營網路社群，也愈發在意每次發文底下的留言。只要有空，就會不停看手機，看朋友的新發文並給予回應，也看自己的發文有沒有獲得回應。

每當貼文底下的回應或按讚數很少，而朋友們貼文底下的留言或按讚數很多時，我就會覺得很不是滋味。於是又投入大量的時間拍照、發文和回應網路社群上朋友的貼文，以獲得更多的留言回應和按讚，我的網路社群好友也從原本的十幾個，變成上千個。

我的時間愈來愈少，和家人的關係愈來愈疏遠，也愈來愈容易感到沮喪，甚至開始失眠，對自己愈來愈不滿意……

充滿新奇與關注的社群媒體

從演化的觀點來看，人類需要彼此互助才能生存下來，因此我們渴望連結。

網路社群媒體，例如臉書或推特等，讓大家可以不受距離限制產生緊密連結，於是吸引了非常多人投入經營社群媒體。然而，與完全不會接觸到的陌生人連結，不見得真的能透過互助而有助於生存，但人們還是深陷其中，在意這些可能我們並不瞭解或不認識的陌生人評價，就像麗恩一樣。

社群媒體吸引人的不只是連結，還有新奇。陌生人給予的回應本身就是一種新奇的事物，社群網站的各種廣告、新聞、影片，以及手機通訊媒體傳來的簡訊，各個都是新奇事物。

大腦具有喜新厭舊、追求新奇的特性。倫敦大學學院教授尼可・邦札克（Nico Bunzeck）與馬德堡大學教授艾蘭・杜贊（Emrah Duzel）透過功能性磁振造影技術，觀察大腦在看到新圖片這樣的新奇刺激時，大腦的「新奇中心」腹側背蓋區會發亮。他們推測，多巴胺會在此時被釋出，讓我們感到愉悅。之所以會如此，是因為探索環境發現新資源、新的做事方式，或發現環境中可能危及安全的新變化，有助於我們生存，具有演化上的好處。邦札克教授與杜贊教授同時也發現，大腦的「新奇中心」只會對全新刺激產生反應，當新刺激被注意到，變得不再新奇，就會淪為不被注意的背景雜音。接著我們因為感到無聊，就會尋求下一個新的刺激，以獲得多巴胺分泌時帶來的愉悅。這種愉悅令人上癮，**獲得越多，就渴求越多**[*9]。

於是，人們不自覺地耗費更多時間在社群媒體上，尋找帶來愉悅的新奇刺激。而網路與社群媒體正好可以無止盡地提供新奇資訊，這是讓麗恩難以脫離社群媒體的因素之一。而另一個吸引麗恩的是，來自他人的關注。

特莉絲坦・稻垣（Tristen Inagaki）與娜歐蜜・艾森柏格（Naomi Eisenberge）研究發現，當人們聽到親友們讚美自己的信件內容（例如：你是唯一關心我勝過關心自己的人），相較於不帶情緒的事實陳述（例如：你的頭髮顏色是棕色），得到的滿足愉悅，就跟吃下一球冰淇淋一樣，大腦的獎賞系統腹側紋狀體會活化。

即使是陌生人給的回饋，也可以讓我們感到愉悅。當研究參與者躺在大腦掃描儀中，得知眼前螢幕中完全不認識的人願意跟他在線上聊天（即使參與者沒有意願跟對方聊天），或是聽到這些完全不曾接觸過的陌生人的稱讚，大腦腹側紋狀體也都會活化[*16]。

大腦告訴我們，受人喜愛是件開心的事情。因為從演化的觀點來看，能夠受別人喜愛，就有機會獲得照顧，而獲得照顧，有利於存活。

因此，當麗恩在社群媒體上受人讚美——即便這些人是她完全沒見過面的陌生人——大腦的獎賞系統就會啟動，讓她覺得這是件美妙、愉悅的事，進而持續追求更多人的認可，並深陷在社群媒體之中。

然而，當人們花過量的時間與心力投入其中，就可能產生各種負面影響。

馬里蘭大學曾經進行一項研究，要求兩百位學生停止使用社群媒體與簡訊二十四小時。許多學生因此出現焦慮、渴望等成癮戒斷症狀的現象。美國心理學會的期刊研究也發現，許多傳簡訊的青少年也都有類似上述的症狀，另外還出現包括失眠、無法中斷活動以及為了掩蓋自己的這些行為而說謊的傾向。紐約州立大學阿爾巴尼分校的研究也得到類似的結果，該研究顯示，兩百五十三位大學生填寫的問卷中，有接近百分之十的人在使用臉書時，出現了戒斷症狀、渴求以及耐受性提高等問題。除了成癮的問題，脊骨神經醫師費斯曼（Dean Fishman）博士還注意到，許多人因為常使用手機，導致肩膀和頸背疼痛而就診[*1]。

許多的研究也發現，跟想像的不同，網路上的好友越多，帶來的不見得是越多的快樂。

越多好友越憂鬱

休士頓大學研究發現，當我們在網路社群如臉書上看到同儕或同學過著充實美好的生活，而自己正好陷入低潮，會讓人覺得沮喪。而花很多時間在臉書上和別人比較的使用者，更容易因此感到憂鬱[*1]。

奧地利茵斯布魯克大學的格雷特梅爾（Christina Sagioglou）也針對臉書使用者的情緒狀態進行研究。結果顯示，花時間使用臉書的實驗組，相較於花時間瀏覽網路但不使用社群媒體的控制組而言，更容易心情惡化。也就是說，使用者花越長時間在臉書，心情會越差，且兩者有明顯的因果關係。他們還發現，研究參與者在使用臉書時，會產生浪費時間、沒用以及沒意義的感覺，而這些感覺明顯與他們心情不好有關，因為他們原本期待使用臉書會使自己心情變好，但事實上反而更糟[*1]。

相關的研究也發現，有十一．五％的學生每天花三個小時以上瀏覽社群網站，他們憂鬱、壓力大、物質濫用、睡眠不佳、學校表現不佳且自殺率較高，相較於較少瀏覽社群網站者而言，他們使用非法藥物的機率高出八十四％、嘗試性行為的機率高出六十九％、擁有四個以上性伴侶的機率高出六十％、打架的機率高出九十四％[*1]。

柏林大學學院的布利斯（Charlotte Rosalind Blease）總覽了臉書憂鬱症的研究後提到，使用臉書的人容易受到幾個觸發憂鬱症的因素影響，包括了「好友的人數越多」、「使用者花越多時間瀏覽朋友的動態」、「使用者瀏覽臉書動態的頻率越高」，以及「貼文內容自吹自擂成分越高」。他同時指出，臉書使用者所留下的極端負面評論也可能會導致憂鬱與低自尊[*1]。

心理學家蘇勒（John Suler）認為，相較於面對面的互動，人們在網路上的互動，會更加直接、充滿刻薄、嘲弄或攻擊性，特別是當人們匿名在網路上發表言論，這樣的效應會更加強烈，他稱之為「網路去抑制效應」[*1]。

菲利普・金巴多（Philip Zimbardo）教授研究發現，「匿名」會讓人在實驗中，更容易對陌生的實驗參與者進行電擊以達成實驗目的。「匿名」也會使在實驗中扮演監獄獄卒的人，殘忍地虐待在實驗中扮演囚犯的人[*10]。

「匿名性」容易使人將其他人不當一回事，因而出現更多攻擊與傷害性的言論與行為，而這正是網路上社群媒體每天都會發生的「酸民」與「毒舌」現象。在社群媒體上閱讀到這些訊息時，很難讓人有好心情。

因此，當麗恩花越多時間在網路社群上，不難想像，她的生活為何會過得越來越不開心。因為她過度投入社群媒體的行為，已經讓經營網路社群這件事情成為一種心靈毒物。

活在他人眼中

麗恩的生活開始失衡。

她內心的蹺蹺板最初是因為與朋友疏離的焦慮而下沉，之後利用經營社群媒體的愉悅改善焦慮，但是友情的問題並沒有真正獲得解決，她與朋友間的心結並沒有解開，反而隨著時間拉長而變得更加疏遠，因此需要更多社群媒體的力量以抑制焦慮。為此，她投入更多的時間經營表象、討好他人、獲得更多稱讚來拉抬蹺蹺板下沉的一端，如此循環下，麗恩對社群媒體更加無法自拔，而原本「朋友間疏遠的問題」也淹沒在「如何吸引更多的人按讚」中，變得微不足道。

自此，社群媒體反客為主。麗恩本來是想把社群媒體當成強化友情連結的工具，最後卻反過來成了將社群媒體利用為拓展自身曝光度與吸引新人加入的工具。社群媒體利用人們對於社交連結的需要，以及對新奇刺激帶來愉悅的渴望，不斷吸引更多像麗恩這樣的人投入。

社群媒體先以「與人產生連結」為訴求來吸引人們加入，在人們加入之後，又提供大量「新奇刺激」以及「按讚得到關注感」來留住人們。個人得以在此平台上發表文章與創設社群來吸引別人觀看並按讚，滿足被關注的愉悅，而社群媒體也能夠藉此獲得個人所提供源源不絕的新奇刺激來吸引更多的人加入，然後將這些資料轉換為商業利益數據來賺錢。

在社群中最受關注的議題，不見得是最重要的，但可能是最新奇、最少見，或最具有煽動性的；最有人氣的人物，也不見得是最有才能的，而是最常發文提供新奇刺激、討好別人或爭議性最大的。因此，沉浸在社群媒體中太久，就很容易迷失自我認同，將自己的價值建立在別人的眼中。

藉由在社群媒體獲得肯定、被讚美，不斷追求片段、零碎點擊數與按讚數才能感受到自己存在的人，常常會覺得孤單、不被愛，進而蒐集更多的認同來處理孤獨的問題，但問題卻反而更加嚴重。因為當我們錯認「別人的認同」才是最重要的生命核心，將無法覺察與接納自己的處境，也無法善待與愛自己。唯有認清楚孤獨是每個人都必須面對的議題，不把別人當成消磨寂寞、尋求慰藉以及提升自己的工具，才有能力真正與一個人建立穩定、長遠的關係，也才能不被社群媒體當成圖利的工具，陷入成癮而不自知。

當麗恩將社群媒體上面的陌生人、按讚數當成迴避友情疏遠以及安撫自己焦慮的工具，原本的人際裂痕和自我懷疑並沒有消失，且持續在消耗她的能量，她就必須投注更多時間在網路社群上討好別人，並且不斷藉由新奇刺激來麻痺自己，最後耗竭心力。

借鏡故事的思考練習

如果發現自己沉迷在社群媒體裡不可自拔……

* 如果最初經營社群媒體是為了與身邊的親朋好友有更緊密的連結，就需要隨時檢視，現在經營社群媒體的方式是否真的達到更緊密連結的目的，還是讓彼此變得更疏遠？
* 想想經營社群媒體的目的，與當初投入其中的原意落差。
* 認識與瞭解花了過量時間在社群媒體上對自己大腦和身心造成的傷害。
* 思考目前花在社群媒體上的時間和心力，對生活的影響為何？對

工作、學業、人際關係的影響為何？繼續下去會發生什麼事情？

* 思考自己對目前的人際關係滿不滿意？對目前的人際處境有什麼樣的責任？可以做什麼來改變？
* 想想沒有社群媒體之前的人際關係與現在的差異為何？
* 與身邊的親友當面討論彼此關係的困境。

如果發現家人深陷在社群媒體裡……

* 面對面與家人討論溝通社群媒體對他的重要性。
* 當面討論、釐清社群媒體上的朋友、訊息對生活的影響。
* 分享生活事件除了透過社群媒體外，要盡可能面對面或透過口語直接分享。

面對「社群人生」的思考練習

- 社群媒體顯示朋友們過著什麼樣的生活？這些生活呈現出他們想要被看見什麼？
- 看到朋友們呈現出的生活樣貌，對我的影響為何？我的想法為何？感受為何？
- 知道朋友們在社群媒體上呈現的生活樣貌，對我們的關係影響是什麼？是越來越好？還是越來越差？
- 相較於朋友們呈現的生活樣貌，我的生活樣貌是什麼？我想要呈現什麼部分讓別人看見？
- 社群媒體對我的影響為何？我從中得到或失去什麼？我怎麼看待這樣的改變？
- 加入社群媒體後，我是越來越快樂，還是越來越憂鬱？這是我想要的嗎？

面對被社群綁架的自我——麗恩的故事後篇

「我是麗恩，搞不清楚自己的網路社群好友名單上為何有那麼多不認識的人。」

我真的不知道為什麼網路社群上的好友名單中有那麼多我不熟，甚至完全不認識的人，而且我也越來越依賴社群，但花越多的時間在社群上，卻越不開心。

於是我整理了經營網路社群時的情況，找出問題的來源：

1. 看到社群上的朋友們分享許多精采生活，讓我覺得自己很糟。

2.我很擔心自己沒有跟上朋友的最新消息、沒有及時回應，彼此的關係會因此疏遠。

3.每次看到自己貼文下的留言、點擊數或按讚數太少時，會覺得沮喪，好像自己不受歡迎。

4.當我的貼文底下出現一些負評，會更加沮喪。

5.每次發文前，都要思考怎麼寫才會引起注意、獲得稱讚和回應，導致我常常花超過預定的時間在社群上面。

6.每次發文後，因為想要知道有沒有人回應，所以三不五時就會打開社群軟體，耗掉許多時間。

7.社群上有很多廣告、新聞或者一些有趣的文章、影片，會讓我忍不住一直去看。

8.我和家人、朋友當面聚會、分享以及溝通的時間越來越少，也越來越疏遠，這也讓我很焦慮。

9.我的時間被社群拿走一大部分，騰不出時間去做我想做，以及應該做的事情，這使我很焦慮，但越焦慮，就越想要去滑手機，形成惡性循環。

我決心改變這個狀況：

1.我的生活其實沒有過得不好，有愛我和我愛的家人，以及穩定的工作與生活，不用放到社群上讓別人認證。

2.當我擔心沒有跟上朋友的訊息、沒有及時回應，我會抽空直接打電話給對方，告訴他我的關心與擔心，同時分享自己的生活，也會找時間定期聚會。我發現，真正的友情沒有想像中那麼脆弱，我們都能彼此理解。

3.我的貼文是為了與親朋好友分享，而不是為了蒐集任何的認證，如果他們有看到且點擊、留言、按讚那很好，如果沒有，我就找機會直接告訴他們，如果有負評或誤解，我也會當面確認。

4.陌生或不熟的人對我的看法並不重要，他們並不瞭解我，我也不瞭解他們，我不可能讓每個人都感到滿意，我的生活、工作也不是以此維生，我也不是公眾人物，沒有必要一直在意這些人對我有什麼看法。

5.我不想要靠社群媒體提供的多巴胺愉悅感過活，我可以去做真正會讓我感覺到快樂且放鬆的活動，例如和家人一起看一場電影。

6.我要刪除那些常常讓我覺得不舒服、覺得自己很糟、充滿炫耀的人的社群追蹤，因為我經營社群是為了讓自己生活更愉快，而不是讓自己憂鬱。

7.仔細想想，網路上那些有趣的文章、影片，對我生活沒什麼特別的幫助，而且我通常看過就忘，根本不記得自己看了什麼。我也很難在網路上那些片段、零碎的文章、影片裡，獲得什麼有系統且有深度的學習。

8.就算沒上網路社群，世界和生活還是照樣運作，我想我實在不需要花那麼多時間在社群上面。

9.花時間在對我來說真正重要的家人、朋友身上，好好經營現實生活，而不是那一小塊發光螢幕，才是真正有價值的。

第四章

質變後的英雄氣概

當我們想要證明自己的能力來獲得關注與尊重，
而做了許多展示英雄氣概的舉動，
卻發現，這些舉動反而讓生活陷入危險與混亂，
代表那些原本用來證明自己的氣概，
正在慢慢產生質變，
成為一種傷害自己的逞強。

當我們想要維持自己的獨特來獲得安全與價值，
而以過去最佳狀態的自己作為標準，
來批判、攻擊現在低潮的自己，
因而覺得自己越來越糟、越來越沒有價值，
就代表那些想要維持自己獨特的意念，
正在慢慢產生質變，
成為貶低自己的懲罰。

如果我們不能穩住自己、主動肯定自己，
這些原有的、想要強化自己的美好，
最終，都將可能成為損害自己與他人的毒素。

無所畏懼的英雄氣概，為何卻成了自傷傷人的心靈毒物？

「追求刺激」的生活運作模式原型——比爾的故事前篇

「我是比爾，我很年輕，雖然我什麼都沒有，但也什麼都不怕。」

我平日靠打工維生，中西式餐廳、速食店、加油站都是我的收入來源。

我下班後最愉快的事情，就是三五好友聚在一起吃飯、唱歌、喝酒、聊天、玩手遊、做一些有趣的事情。

這天，大家聚餐完後，一時間不知道要做什麼。身為意見領袖的我，便提議騎車上山夜遊，玩試膽遊戲。

在騎往目標山路的過程，我看到許多汽機車停在路邊。我靈光一閃，便停下機車，順手拿起地上的石塊，往其中一輛車砸去。車窗破掉的一瞬間產生的振動手感以及玻璃破裂的聲音，都讓我覺得好過癮，生活上的一些不快也隨之消失。於是我便向騎在身後的同伴們大聲喊道，看誰沿路砸的車最多，就是今天試膽大會的贏家，之後一個月聚會都不用出錢。

我拿起石頭，騎上機車，帶頭騎在最前面，沿路敲破路邊陌生車輛的車窗。大家在我的慫恿之下，紛紛加入砸車行列，沿路整排的汽機車都被砸得面目全非。

砸車過程中，朋友群裡有人不安地問說：「如果被發現怎麼辦？」

我立刻豪氣的放聲大笑說：「我有觀察過，那邊沒有監視器，況且如果真的被發現，說沒錢賠償，頂多被關個幾個月，我會一肩扛起這個責任。」

聽完我的回應，大家立刻尖叫歡呼、齊聲讚揚。

我繼續騎在最前頭砸車，覺得威風、好玩又有趣，想當然，砸最多車的就是我，我覺得非常得意。就在砸完最後一台車後，警笛聲由遠處傳來，我比了幾個手勢，示意大家盡快各自散去。

我加速油門，在心裡面告訴自己：「沒什麼好怕的！」

反正這也不是我第一次惹事，教大家改車拔消音器且帶頭飆車、在路邊燒垃圾、打架、群聚鬥毆等，什麼事我沒經歷過？什麼風浪沒見過？

反正我還年輕，年輕就是本錢，正所謂人不輕狂枉少年，趁年輕沒什麼包袱，什麼事情都可以勇於嘗試，管他的，及時行樂就對了，想那麼多幹嘛！不做些瘋狂的事情怎麼對得起自己的青春呢？

渴望刺激與連結

生命奠基於生活上各種刺激與連結，我們的食衣住行等內外需求皆是一種刺激，因此，刺激與連結都是生存不可或缺的。當刺激與連結被剝奪，就會帶來極大的痛苦。

一九五〇年代，心理學家海伯（Donald Hebb）及其團隊所進行的研究*1，證實了這點。他們用每天二十元的報酬，付費給願意參加研究的人，讓他們在隔音的小房間裡獨處幾個星期，期間無法與任何人接觸，以觀察人們處在完全孤獨的情境時，會出現什麼狀況，藉此瞭解俄羅斯與北韓軍方的「洗腦」措施。

參與者待在有持續嗡嗡作響空調的小房間，穿戴上棉質手套、用硬紙板做成長過指尖的袖套以及半透明的面罩，躺在能減少噪音的U型海綿枕上，以盡可能處在減少可看、可聽、可碰觸以及可感覺任何事物的狀態下被觀察。

一段時間過後，參與者們開始用唱歌、吟詩或自言自語等方式來製造刺激，以打破他所處的單調狀態。接著，越來越多參與者變得焦慮、情緒激動，無法完成非常簡單的數字和字詞聯想測驗。甚至有人開始出現幻覺，他們看到線條、形狀或光點，還有人描述自己看到狗、嬰兒或者一列眼鏡走過街道、松鼠揹著袋子行走等完全不存在的畫面出現在眼前；一些人聽到合唱團或音樂盒的聲音、感覺手臂被槍枝射出來的小球擊中、觸碰門把時產生被電擊感等。

這些幻視、幻聽、幻覺陸續出現在參與者身上，他們感到迷茫與痛苦，無法繼續實驗，使得原本預計六星期的觀察，不得不中斷。只有少數幾個人撐過兩天，沒有人能撐過整個星期。

臨床心理學家羅賓斯（Ian Robbins）和英國廣播公司合作*1，在《徹底隔離》的實境節目中複製海伯的實驗。他們讓六位參與者待在曾做為核戰碉堡的隔音房中四十八小時，結果也發現，參與者們出現焦慮、情緒激動、妄想、幻覺等心智功能明顯受損的現象。

其中一位參與該節目的喜劇演員亞當布倫（Adam Bloom），在十八小時後出現妄想，害怕被困碉堡中；二十四小時後開始來回踱步；四十小時後出現幻視，看見五千個空的牡蠣殼上的珍珠光澤栩栩如生地出現在他眼前。另一位參與者米奇，則是被眼前嗡嗡作響的蚊子和戰鬥機嚇壞了，還有一位參與者克萊兒看到蛇、斑馬和車子。

海伯的實驗與《徹底隔離》的實境節目都顯示，人們渴望刺激與連結，當這些被長時間剝奪，就會造成極大的痛苦，甚至會危及生命的存活。

這種對刺激與連結的渴望，是有助於人們找到生存資源的推動力，但當這樣的渴望沒有被引到適當的方向，就會變成心靈毒物，破壞人們的生活。

維尼及亞大學教授摩西威爾森（Timothy Wilson）的研究團隊發現[*11]，當人們在無法接觸其他人事物的狀況下，詢問受試者想繼續獨處還是電擊，有些人寧願選擇不愉快的電擊。

威爾森的研究是安排參與者待在沒有任何物品的實驗室中獨處六至十五分鐘，研究者隨機將這些參與者分成幾個組別，有些參與者被要求用自己的想法娛樂自己，有些參與者則可以選擇進行讀書、聽音樂或上網等活動但不能與其他人接觸。結果發現，多數的人喜歡從事活動而非獨自思考，相較於獨自思考，參與者在從事活動時感覺到比較多的樂趣也比較不容易分心。

而其中喜歡獨自思考的人，主要是因為他們對於獨自思考的想法或白日夢有諸如快樂、溫暖等正向積極的感受，而那些不喜歡獨自思考的人，則是容易感到無聊。

在接續的研究中，研究者多提供了「對自己進行輕微電擊」這個選項，參與者在獨處期間，可以自行決定「用自己的想法娛樂自己」或「對自己進行輕微電擊」。結果發現，雖然這些參與者事先都有接受過帶給他們負面感受的電擊，也說願意花錢避免再次被電擊，但十八位男性中，還是會有十二個人在獨處期間，至少給自己一次電擊，占所有男性參與者的百分之六十七；女性則是二十四個人中有六位，占百分之二十五。

針對這樣的研究結果，威爾森認為，人們有時會被有趣的想法、激動人心的幻想和愉快的白日夢所吸引。但研究表明，思想難以控制，要將我們的思想引導到愉快的方向並將其保持在那裡可能特別困難。這可能就是為什麼許多人尋求通過冥想和其他技巧以更好地控制自己的想法，並帶來明顯的好處。如果沒有這樣的培訓引導，即使眼前可以做的事情會引起負面感受，人們依然會選擇做這些讓他不愉快的事情勝過獨處。

這便是比爾的狀態。他寧願將心力放在砸車、飆車、群聚鬥毆等就長遠來看具有傷害性、且為自己與他人都帶來不快的事件上，以滿足他對刺激與連結的渴望，也不願意將心力放在對自己有益或至少無損害性的其他事務上。

這並不是因為他沒有其他選擇，而可能是因為他無法從其他選擇中找到自己的意義感。

缺乏意義

心理學家亞隆提到，當人們對自己的生活缺乏意義感，會感到不安。他深入研究了「意義感對人們的影響」的議題，以下便引用亞隆整合哲學家，以及個人臨床經驗所體悟得出的多元觀點來說明這個主題[*17]。

哲學家卡謬認為，人類是尋求意義的生物，希望能從世界得到具有價值藍圖的意義系統，但是世界對我們完全不感興趣，也沒有提供任何指引。人們對意義充滿渴望，卻必須活在冷漠、毫無意義的世界裡，卡謬將人們這樣的處境，稱之為「荒謬」。

面對這樣「荒謬」的處境，卡謬相信，我們可以藉由反抗世界的冷漠，高貴的活著。亞隆整理了卡謬的論述與作品，總結卡謬認為人們在缺乏意義、目的和價值的世界裡，可以透過「勇氣」「高傲的反抗」「友好的團結」「愛」「塵世的聖潔」等重要的價值和行為準則來活下去。

哲學家沙特表示：「所有存在的事務都沒有什麼理由，從衰弱到死亡，一切都是出於偶然……我們的誕生毫無意義，我們的死亡也毫無意義。」

沙特雖然提出這樣無意義的世界觀，卻也常透過他的小說作品向人們傳達，肯定「創造與追尋自己意義」的重要性，他認為每個人都必需要找到自己的道路。他認為追尋的道路包含參與、行動、自由、啟蒙、反抗壓迫、服務他人、尋找「家」和同志情誼。

亞隆認為，對卡謬和沙特來說，存活在這世界上，很重要的是，人們要體認自己必須發明自己的意義（而非大自然或上帝的意義），然後承諾自己全力去實現這個意義。

亞隆也提到，人們或許可以放棄詢問「我們為什麼而活」，卻無法拖延「我們該如何而活」的問題。他整理了幾個能為人類提供意義感的活動：

1.利他：服務他人、參與慈善活動、為世界留下較好的居住環境等，這些對別人、對世界有益的付出，是不須驗證、強而有力的意義來源。

2.為理想奉獻：亞隆引用哲學家杜蘭特（Will Durant）在《論生命的意義》（*On the Meaning of Life*）中的觀點來說明為理想奉獻的內涵。「加入一個整體，以你全部的身體和心靈為它努力。為某種比我們自己更大的東西來生產或奉獻，就有可以產生生命的意義。他們不見得是家庭（不過這是最直接、寬闊的道路，即使是最天真的靈魂，也可能瞭解這條路的智慧），他可以是喚起個人潛在崇高性的任何飈體，賦予他一個值得努力的理想，不因死亡而動搖。」

3.創造力：創造新奇、和諧、美麗的東西，是無意義感的強力解藥，因為這些創造本身就說明了自己，是自身存有的有力理由。藝術創造、科學發明、以及將某些有益的東西帶入他人的生活與自己的關係等都包含在創造的範圍裡。人們可以藉由創造發現美好、改善世界，為自己與他人帶來樂趣。

4.自我實現：實現與發揮自己的內在潛能、理想與抱負。

5.自我超越：為某種高於個人或自己之外的人或事努力，超越個人的利益。

與自己疏離

對於生活缺乏目標，找不到意義感的比爾來說，不安等低落的情緒充斥著生活，使身心蹺蹺板失去平衡，他藉由從事高風險的事務來緩解這些他不喜歡、讓他不舒服的情緒，另一方面，這些高風險的事務，能夠提供他短暫的生活方向，讓他脫離缺乏長遠目標、缺乏意義感的狀態，同時還能形塑他的領導者、大哥形象，讓他在朋友面前有面子，提升他的自我價值感。他透過這些違法、攻擊行為說服自己，他是個勇猛的、強悍的人，絕對不是不安、沒用的傢伙。

為了擺脫那些虛弱的感受，他追尋高強度的驚險事務。這些事務以及因該事務衍伸而來的大小事，填滿了他生活中所有可能的空隙。他永遠有事要忙碌，永遠不需要獨處、永遠充滿話題，雖然從旁人的角度來看，這些事情為他帶來處理不完的紛擾，但對比爾來說，卻可以讓他不斷迴避「自己該如何而活」的問題。他永遠不用探詢自己真正的潛能、價值觀、為自己設定長遠目標，他也不需要正視自己的處境、思考自己「要成為什麼」。驚險事務帶來的生化衝擊，讓不安消融到背景中，讓這些議題都變得不再重要。

比爾任憑未經思考的衝動駕馭自己的行為，放任自己從事各種無端破壞，刻意不做任何的檢視。這種行為模式，已經成為慣性，是一種不得不的強迫狀態。他認為「自己什麼都不怕」，但其實是害怕「自己什麼都不是」。他不瞭解自己，不知道自己想成為什麼，不知道自己該做什麼，他與自己非常的疏離，因為他根本放棄關心他自己，放棄成為他可以成為的樣子。

他隱隱覺得，如果連本能的破壞衝動都沒有了，他還剩下什麼？

至此，那些帶來力量、無所畏懼的英雄氣概，變成了一種自傷傷人的心靈毒物。

唯有鼓起勇氣，檢視自己的處境，正視自己「尋找、創造以及發現生命意義」的責任，他才能從「自我輕視」與「自我貶抑」的漩渦中走出來，真正瞭解他自己，並成為他可以成為的樣子。

借鏡故事的思考練習

如果發現自己偏好從事高風險的事務，喜歡置身驚險、衝突的情境中……

＊你想要從這些高風險、驚險或衝突的情境中獲得什麼？這些對你的重要性是什麼？需要付出什麼代價？

＊這些可以從高風險、驚險、衝突的情境中可以獲得的東西，還可以從哪些不同於這些的情境中獲得？你需要付出什麼代價？

＊你在這些高風險、驚險、衝突的情境中扮演什麼樣的角色？你會怎麼形容在這些情境中的自己？別人又會怎麼描述在這些情境中的你？

＊你對自己投入這些高風險、驚險、衝突的事務中，有什麼看法？你喜不喜歡這樣的自己？原因是什麼？

如果你發現家人、親朋好友偏好從事高風險的事務，喜歡置身驚險、衝突的情境中……

＊表達你在這些情境中看到的危險以及擔心。

＊設想並詢問他們生活可能遭遇的困難，表達理解、支持，讓他們知道自己不孤單，而且有人願意和他們討論、一起解決。

＊關注他們的特質、優缺點，並適時告訴他們。

＊大方讚賞、肯定他們的優勢。

＊常常彼此關心、分享生活中的點滴。

面對「追求刺激」的思考練習

- 你想要過什麼樣的生活？生活的短期目標是什麼？長期目標是什麼？如何幫助自己往這些目標邁進？
- 你對自己的認識是什麼？你有哪些特質？
- 覺得自己的優點是什麼？缺點是什麼？這些優缺點如何影響生活？
- 你希望自己成為什樣的人？原因為何？你又要如何幫助自己成為這樣的人？
- 親近的人對你有什麼看法？這些看法與你對自己的認識相符嗎？
- 別人對你的看法如何影響你？你如何看待這些對你的觀點？

面對追求刺激的自我——比爾的故事後篇

我是比爾，從學生時代開始，我在學校裡的各項學習表現就都比不上別人，班上排名總是墊底，因此，我放棄了學習，沒有人生方向、也沒有目標。

看著別人有自己的目標、方向以及對未來的期許，我覺得羨慕又忌妒，我不知道以後可以幹嘛，因此求學路上常常處惹事生非，和同學或老師衝突、打架記過是家常便飯。

我知道，自己什麼專長都沒有。

我唯一的本錢只有年輕。

年輕做什麼臨時工都很容易，要找到賺錢的差事並不難。

但有一天我會老，我不敢想像老了以後的生活，這讓我感到很焦慮，也因為這樣，我不喜歡一個人，我會避開任何讓自己想太多的情境，每天只是單純地跟隨著自己的生理需求、慾望過活。我每天就是賺錢、花錢、滿足基本需求，無聊就找朋友、找刺激、找有趣的事情來做，盡量塞滿所有時間，過一天算一天。我對生活沒有計畫、沒有目標，不去想未來的事情。

直到那一天，在我帶頭朋友們砸車後，加速離開現場、逃避被警察追捕的過程中，催油門的右手突然傳來疼痛感，而我眼前也開始模糊，我才發現，右手的大動脈被碎裂的車窗劃傷，血不停地從傷口像噴泉般湧出，沒多久，我就因為失血過多而暈眩摔車了。

醒來時，我已經在醫院，傷口也已經縫合包紮好。

送我到醫院的，是被我所砸眾多車輛中的其中一位車主。車主當時熄火在車上休息。我並沒有注意到車上有人。車主被我砸車的舉動驚醒，下車察看時，發現我倒在遠處的路中央，由於失血過多、加上離醫院不遠，他開著被我砸破車窗的車子，緊急把我送往醫院。

警察告訴我這整個過程與事實，令我感到愧疚萬分。警察說，如果不是這車主不計前嫌，很快地把我送到醫院，我早就沒命了。

當天，冰冷的身體、無法動彈的死亡恐懼帶給我的顫慄，久久無法消散。

我突然意識到，自己過日子的方式是多麼地愚蠢，不但害了自己，也害了別人。我也覺察到，原來我一直用「什麼都不怕」來安撫自己，是因為我害怕面對自己、害怕承認造成現下處境的其實是我自己、害怕自己什麼都不是。

瀕死的體驗讓我發現，在死亡面前，我是如此渺小。生命是如此脆弱、如此珍貴，而我居然如此過活？我懊悔萬分。

我決心改變。

雖然要花費漫長的時間，也需要耗費許多的心力，但我不想再用愧對自己、愧對他人的方式生活下去了。

年輕時推動人們進步的衝勁，為何卻成了年老時批判自己的心靈毒物？

「覺得自己老了就沒用了」的生活運作模式原型——雷恩的故事前篇

「我是雷恩，最近常在想自己真的老了，是不是就代表沒用了？」

以前的我，幾乎不曾因為任何病痛看過醫師。即使高燒、喉嚨痛、嚴重鼻塞、流鼻涕，對別人來說是嚴重感冒的狀況，我也只需要一個晚上多喝些熱水，隔天就好了。

夏天烈日豔陽下扛重物，別人需要三不五時休息，而我只要喝口水就可以繼續。冬天寒流冷風中騎車送貨，別人穿得厚重還打寒顫，我一樣短袖薄外套，輕便上工效率高，可以比別人多跑好幾趟。

不論是怎樣的不舒服，我通常也只需要睡個一兩天就能痊癒。

我做過各種工作，從建築工、卡車司機、搬運工到水電等，就這樣養活一家人，兩個小孩現在也已經成家立業，希望我退休享清福。

我本來是希望可以繼續工作，但後來身體狀況每況愈下，也不得不退休。

另外我也有非常嚴重的老花眼，看東西會模糊，看近處時更是如此，即使戴了眼鏡也難以改善。我連拿起手機要看清楚螢幕撥電話都很吃力。想要跟孫子視訊時，也常常無法順利撥出。

除了視力模糊，我的聽力也持續衰退，常聽不清楚別人跟我講什麼，有時候聽不清楚就乾脆當作沒聽到。我的手臂也出了狀況，無法抬高超過肩膀，一旦抬高超過肩膀，就會產生劇痛。爬樓梯或者跑步時，膝蓋也會疼痛。我以前最喜歡跑步運動以紓壓，但對現在的我來說，卻是一種奢侈、遙不可及的狀態。

現在的我，就連走路稍快也會氣喘吁吁、汗流浹背。

不僅如此，即使處在夏天，只要稍微起風，我都會感到涼意，得穿長袖。更別說當冬天來臨，氣溫下降，對我來說更是煎熬，不僅圍巾手套要隨身佩戴，暖氣更是不可缺的必要配備。

我的腸胃消化功能也比以前弱很多，以前工作忙碌幾乎都外食，不管吃什麼煎煮炒炸的各種食物，都能很快消化吸收，很少有什麼不適，現在稍微吃到油一點的菜餚就容易感到不舒服，或拉肚子，只要吃外食，常都會出現脹氣或肚子痛的狀況，加上牙齒退化，滿口假牙，幾乎都只能吃自己煮的清淡軟爛食物。

晚上睡眠也無法持續太久，常常睡睡醒醒，無法好好休息。

現在的我，別說要工作賺錢了，連照顧好自己都有困難。不但每個月得花很多錢吃營養保健品，還常常有各種不舒服，三天兩頭得跑診所或醫院。

就連我以為我唯一可以幫上忙的——照顧孫子——這件事也力不從心。因為我的動作完全跟不上精力充沛的孫子，教養的觀念與方式也完全跟我的子女不同，常因為如此而有衝突。

我覺得自己真的很沒用，連一點小忙都幫不上，沒有任何生產力之外，還不停地花錢、支出各種開銷。

想到以前活力充沛，一年到頭都在工作、照顧家人、幾乎沒有休息、每天都拚命賺錢養家的日子，我常常一天睡不到五個小時，雖然忙碌辛苦，但至少過得充實有價值。現在看著眼前鏡子裡的自己，彎腰駝背、滿頭白髮、整臉斑點與皺紋，老態龍鍾，什麼都做不了，只能當別人的累贅，整天就是坐著枯等時間過去，一點貢獻都沒有，只能這樣日復一日毫無意義的過活，真是越看越不順眼，越看越討厭、越看越沒用。

持續進步、累積成就、提高生產力才有價值的文化

在現有的經濟體制下，幾乎所有事務能被轉換為有金錢利益的對價服務，從具體有形的食物、衣服、房子、3C產品、交通工具等，到抽象無形的知識、思想、創意、勞動力等，都變成可以付費或收費取得的商品。人們每天的生活就在付費與收費的消費循環中開始與結束，因而不可避免地，形成了「持續進步、追求成就以及提高生產力」才能證明個人價值的文化氛圍。

我們不自覺地內化這樣的觀念，並視之為理所當然。然而，這樣的文化氛圍並非從古至今皆然。我們的文化在某些年代中[*17]，並不認為努力工作持續進步、累積成就以及提高生產力是最重要的。心理學家佛洛姆發現，人們在中世紀並不強調追求成就，對於成就和名聲的

重視是從文藝復興之後到現代才開始有的。同樣地，北歐國家直到十六世紀才開始見到有強烈渴望努力工作的人們。認為努力工作以追求進步其實是近代才有的觀念，在十七世紀末之前，這樣的觀念並沒有形成*17。

心理學家亞隆指出*17，從歷史的洪流來看，其實在早期，工作和追求財富被基督徒認為會蒙蔽人心、消耗與阻礙人們原本用來侍奉上帝的時間。早期在修道院裡，勞力工作主要是由世俗中人來完成；手抄本圖解的藝術表現獲得人們的高度重視；而默想更被認為是最神聖的工作。努力工作、追求成就以及提高生產力，在這個階段並未特別被強調或重視。

直到中世紀末期、文藝復興之後，人們對世界的觀點改變，開始渴望瞭解自然運行的法則、努力想要征服自然界，神學體系也開始轉變，認為上帝希望祂的選民有成功的世俗成就，努力工作求取社會地位是對神明崇敬的表現等，追求成就與進步的價值觀才慢慢成形[*17]。

而到了現代，在這種由付費與消費推動人們生活進展的制度下，更強化了進步、成就以及生產力的重要性。畢竟我們每天都在消費，有生產力才能取得消費能力。人們彼此競爭生產力，追求進步與成就以彰顯個人價值幾乎已經成為人們的集體潛意識，我們毫不質疑的就接受了這樣的價值觀。

這樣的價值觀成了鼓舞人們往前邁進的動力，不但推動文明科技的發展，更提升了人類整體的生活品質。如此結果，又再一次說服人們，追求進步、成就與生產力是正確的、是無庸置疑且無懈可擊的好觀點。

於是，現代社會出現了越來越多的工作狂。工作狂最初可能跟雷恩一樣，是出自於維持家計或生存的需要而努力，但投入工作的心力與時間並沒有隨著個人的經濟改善與回穩而趨緩，反而加倍。

針對工作的狀態，心理學家亞隆（Yalom）提出了深入的分析：「工作狂的生活是不由自主又不正常的，他不是因為想要而工作，而是必須如此。工作狂可能無情的鞭策自己，無視人類的極限。休閒時間是焦慮的時光，常常被狂熱的填滿某種帶來成就錯覺的活動。生活就等於『成為什麼人』或『做某件事，沒有成就什麼事的時間就不是『生活』，而是浪費[*6]。」

雷恩年輕時為了一家人的生活，不得不埋首工作，雖然他並沒有陷入工作狂的狀態中，但「追求進步、成就以及生產力才有價值」的觀點一直停留在他的心中，即便他辛苦了大半輩子，到了終於退休可以喘口氣，擁有自己的時間，卻仍受這樣的觀點束縛。質疑自己沒有生產力、質疑自己的價值。

文化價值之外的個人價值

文化價值從歷史脈絡來看，其實也是一種人為形塑。這樣的價值觀會被保留下來，且獲得大眾認同，代表這樣的價值觀能為當代多數人提供某些他們所需，推動社會往大眾想要的方向去發展。然而，當這樣的價值觀過度僵化地與個人價值綁在一起，甚至取代個人價值，原本有利群眾的觀點，就會變成一種毒害個人的心靈毒物。

對雷恩來說就是如此，年經時那些曾經激勵他努力工作的文化價值，在他年老時，卻成了打擊他身心、揮之不去的自責夢魘。

將文化價值定位的進步、成就以及生產力與個人價值化畫上等號，這種看似理性且有助於推動科技文明進展而為大眾帶來福利的觀點，本身就有其侷限。

我們可以思考的是，何謂進步、成就或生產力？社會制度認定的進步、成就以及生產力的標準，與單獨個體主觀所認定的進步或成就的標準是否相同？差異又是什麼？進步、成就、生產力是否有一套舉世皆然的固定標準能「正確」套用於所有人身上？

心理學家亞隆曾經深刻思考這種文化對個人的影響。

在一次獨自海邊度假的旅程裡，當他利用空檔讀書，不經意瞄到酒保無精打采地看著大海，什麼也不做，就像在溫暖石頭上曬太陽的蜥蜴一樣。亞隆對比自己和酒保的狀態，感到非常滿意、沾沾自喜，因為他善用時間讀書、學習，做了「有用」的事情，他在持續的進步，而酒保只是單純在浪費時間。

但下一刻，亞隆心裡突然出現了幾個念頭，他問自己：「進步什麼？怎麼進步？更可怕的是，為什麼要進步[*6]？」

持續讀書與學習，對於亞隆來說，或許會有很大的助益，能夠讓他在知識上持續進步，累積事業上的成就，增加專業生產力，但對於忙碌了一天的酒保來說，或許只會帶來更大的壓力，不但可能對工作沒有幫助，反而會損及工作表現。酒保對著大海發呆放空時，反而能夠舒緩身心，將一天的疲憊一掃而空，這才是對酒保來說真正具有價值的事情。

因此，對不同人來說，所重視的或有價值的事物並不相同，因人而異，也會因不同的時空情境而有差異，很難有統一的標準。

對年輕時的雷恩來說，努力工作，成為家中經濟支柱是他自己價值的來源。這樣的個人價值認定，不僅出自社會文化，更是出於他自己以及家中所有成員的需要，因為年幼的子女並無法自理溫飽。然而當雷恩年老，他依然將社會文化的價值背負在身上，並以之來認定自我價值，就會產生困境。

一來是子女已經有能力自給自足，他們需要工作來滿足經濟需求，並從中成熟自己、負起自身責任；二來是雷恩的身體機能並不適合繼續負擔沉重工作。因此繼續用文化認定的價值標準來定位年邁的雷恩，是非常不適合的。

再者，雷恩對家庭付出的時間、心力，關心與照顧所有家庭成員，提供給家人的安全感，豎立的人格典範，這些雖然並未被經濟體制認定為可轉化為金錢的商品或工作，但其所蘊含的價值，絕對不亞於金錢，甚至有過之而無不及。而且這些無形的價值，都是市場上能用金錢換得的任何商品所無法提供也無法取代的。

雷恩的溫暖、關愛已經在與家人的互動中，深深烙印在彼此的神經迴路當中，成為了家庭成員們的一部分，這並不會因為雷恩年紀增長而有所改變。

對年邁的雷恩來說，當代主流經濟體制的消費與付費價值觀已經不適用於這個階段的他，唯有重新思考、尋找與定位自己的人生方向，才能脫離自我譴責的牢籠。

心理學家亞隆引用了人本心理學對於人生的看法，提供了年邁的雷恩一個很好的指引：「生命是一個禮物，接受它，打開它，讚美它，使用它，還有享受它」。印度聖哲奧修（Bhaqway Shree Rajneesh）也說：「存在沒有目標，而是純粹的旅程。生命的旅程如此美好，何必為終點煩惱[*17]？」

年老就像出生一樣，都是種創傷

心理學家蘭克（Rank）認為，出生是所有脫離結合的象徵，也是一種最初的創傷和分離[*17]。

佛洛姆在《逃避自由》（*Escape From Freedom*）中提出了類似的看法，呼應了蘭克的觀點：「孩童出現在這個世界時，發覺他是孤獨的，是一個與他人分離的實體。這個世界與個體的存在比較起來，是非常強而有力的，而且常常具有威脅和危險，所以與世界分離的狀態，會讓人產生無力感和焦慮感。只要一個人是世界不可或缺的一部分，只要他沒有覺察個人行動的可能性與責任，就不必害怕這個世界。當一個人成為獨立的個體，就要孤獨地站立，面對具有壓倒性優勢的危險世界[17]。」

當新生命脫離母體溫暖舒適的保護來到這個世界，就必須開始獨自面對各種威脅，對沒有保護自己能力的無助嬰兒來說，無疑是一種創傷。

而當我們從無助的嬰兒狀態，歷經漫長的成長過程，面對來自四面八方的威脅，克服各種挑戰，突破重重難關，終於成長到足以自立，也學會怎麼面對具有壓倒性優勢的危險世界，能夠獨當一面，成家立業，甚至開創出自己的一片天，具有影響別人的能力，**卻發現前路迎接我們的是衰老**、退化，逐步失去對自己事業、身心的控制權，使我們被迫脫離那個對自己有掌控力的自己，重新回到無助、接近嬰兒的狀態，其中的無力與焦慮，就如同誕生時那般強烈。而此時，保護我們長大的父母，也往往已經不在人世。**我們與死亡之間，再也沒有人居間阻擋，我們與死亡是如此的靠近，那種恐懼，會再次成為一種創傷。**

這種年老帶來的創傷，深埋在雷恩的心裡。他很難去向誰訴說，因為連他自己，都很難接受衰老的狀態。原本身強體壯、健步如飛、耳聰目明的他，變得如此孱弱，他為此感到自卑與無力，脾氣愈發暴躁。他痛恨這種無力的感覺，想到自己就此踏上不可逆的下坡階段，離死不遠，焦慮、憂鬱與沮喪便撲天蓋地而來。

死亡會毀壞形體，卻也能帶來救贖

心理學家同時也是存在心理治療大師亞隆，對於死亡焦慮，有著深刻的研究與洞察，他整合歷代哲人的智慧、個人的治療經驗與體悟，提出了死亡觀念能夠拯救個人的內心，以下引述他在《凝視太陽：面對死亡恐懼》（*Staring at the Sun: Overcoming the Terror of Death*）一書中，對於死亡如何拯救個人內心的重要論述[*19]。

亞隆曾和罹癌的臨終病人工作多年，他從這些心理治療的臨床工作中發現，許多的病人，在面臨自身罹患絕症、身邊親近的人重病，或遭遇生活中巨大改變、衝擊時，不但不會因此麻木絕望，反而常常做出正面且劇烈的重大改變。他們會重新安排生活中各項事務的輕重緩急，把握他們的選擇權，將無關緊要的瑣事放到一邊，不做他們打從心裡不願意做的事情，投入和摯愛的人更深切的交流之中，更熱切地感受生活的各層面——大自然的美麗、季節的交替、過節過年的情景。整體來說，他們變得更積極生活，將自己的生活過得更豐富。其中有位病人甚至告訴亞隆：「可惜我非得等到全身上下都是癌細胞的時候，才學會如何生活。」

亞隆認為，當死亡逼近，或人們意識到死亡，會進入到覺醒狀態，負起自己的基本責任，「打造全心投入，與人聯繫、富有意義、實現自我的真誠生活。」因此，死亡雖然會毀壞人們的形體，但我們卻能從透悟死亡之中獲得救贖。

在面對死亡的焦慮時，亞隆認為可以援引古聖先賢的智慧來幫助自己。亞隆認為，哲學家伊比鳩魯所提出關於面對死亡焦慮的嚴謹心法，有助於我們處理這些恐懼：

1. **靈魂將滅：**靈魂會隨著形體的毀滅而消失，死亡後，人們將不會有意識，不會懊悔逝去的生命，也不會害怕神會對人做些什麼（但他並未否認神的存在，而是認為人覺察不到神的存在），因此不需要害怕死後的世界。

2. **死亡是全然無知覺得狀態**：當死亡發生，人們其實毫無知覺，我們並不知道自己已經死了，我們真的不在場，完全無法覺察死亡這件事，所以何必害怕根本感覺不到的死亡呢？

3. **生死對稱**：人死後的不存在狀態，就跟人出生之前的不存在狀態一樣。人既然不會擔心未出生時的狀態，也就不需要擔心死後如何。如同偉大的蘇俄小說家納博科夫（Vladimir Nabokov）在他自傳《說吧，記憶》（*Speak, Memory*）中開頭提到的：「搖籃在深淵之上搖啊搖。常識告訴我們，存在不過是一道光縫，稍縱即逝，前後俱是黑暗的永恆。人凝視自己出生前的那個深淵，總是平靜得多，不像朝向另一個的時候（每小時心跳四千五百下）——儘管這兩個深淵有如孿生子。」

亞隆認為，伊比鳩魯的這些觀念，為他自己及許多對死亡感到焦慮的人帶來了安慰。另外，亞隆也引用尼采的箴言，如「成為你自己」「殺不死我的，將使我更堅強」「活得精彩」「死得其時」等多變化的警語，提醒我們，人絕對不能活得如行屍走肉，要認識自己的潛能，充分發揮自己的才能，勇敢盡情地生活，才能死而無憾。

除了援引各家學者的概念，亞隆也從臨床經驗中提取出了「漣漪」的概念。漣漪指的是，每個人都會在無形中對別人造成影響，這個影響就像同心圓一樣向外擴散，可以持續影響他人許多年，甚至好幾代，雖然看不見，但持續在人心深處引起波瀾。這些波瀾主要是帶來正面影響的人生體會、風範、智慧，長久地澤被相識或不相識的人。這些漣漪串起了我們與他人的連結，緩解了對死亡的焦慮。

透過上述的方式，亞隆幫助了許多困在死亡焦慮中的人們。而這些，也幫助了晚年的亞隆。他說：「叔本華把激情比作使人盲目的太陽。**人到晚年，當激情消沉，沒有了太陽的掩蓋，我們才開始注意到美麗的星空。**」在面對自己的老去以及妻子的死亡時，亞隆回顧過往，他覺得自己很幸運，可以和相知了一生的妻子，共同擁有這一切。當死亡逐漸逼近，他告訴自己：「**我現在該做的，就是好好珍惜自己的純粹知覺**[*28]**。**」

每個人都會歷經年老、死亡，就像雷恩一樣，雖然年老不可避免地會導致許多生理上的退化，可能讓人被迫要回到如嬰兒時期般需要被照顧的狀態，但**年老也帶來成熟**。年老的我們，在心智上，並非剛來到世界的那個全然無知無助的小嬰兒，歷經人生風浪的我們，對人事物都有更深入的體會與洞察，也更瞭解自己的本質。相較於其他時期，**年老是一個沉澱、整合自己的最佳階段**。心智的成熟無法跳級，每個人都會有自己的人生智慧，我們除了仰賴古聖先賢、當代哲人的智慧，也可以從自己累積一生的各種歷練中，提取出自己的智慧，仰賴自己的智慧，並將這些智慧延續下去，這會讓我們在面對死亡時，更加坦然無愧[*27]。

借鏡故事的思考練習

如果發現自己不停地批判年老所帶來的各種影響……

＊年老是每個人都必經的過程，並不是因為自己做錯什麼，也不是什麼罪大惡極的事情，是一件很正常的事情。

＊每個人也都歷經過年輕、壯年的階段，想想這些階段的自己，以及曾經付出的一切。

＊想想年輕階段的自己如何看待年邁的父母、還有親近的長輩們？自己會用什麼觀點看待他們？自己是否記得他們年輕時的付出？

* 想想年經階段的自己，如果聽到年邁的父母、親近的長輩們一直說自己老了沒用了，會怎麼想？

* 想想年老階段的自己，和年輕階段的自己，對人生的看法有什麼樣不同？看待人生重要事物的順序有何不同？

* 想想自己一生的歷練，帶來了什麼樣的人生體悟？可以從這些歷練與體悟中，提取出什麼樣的智慧？

* 想想可以怎麼傳遞這些自己累積已久的人生智慧給身邊親近的人以及下一代？自己想要為他們樹立怎樣的人生典範？

* 請把時間和心力留給自己覺得最重要的事情以及人上面。

如果發現曾經扶養你長大、照顧你、支持你的重要家人不停地攻擊自己各種正常的衰老現象，一直說自己沒用……

* 請讓他知道，你已經成長到足以照顧好自己、扮演好自己的角色、獨立自主、自給自足，讓他可以放心。

＊請記得，他有多年歷練而來的人生智慧，困境時可以尋求他的意見與協助。請讓他知道你對他人生智慧的敬重。

＊請讓他知道，你記得他對你的付出，以及這些付出對你的影響。

＊請讓他知道，你記得你們曾經度過的各種美好回憶，他對你的重要性。

＊請讓他知道，你記得你們共度的各種關鍵時刻，他帶給你的影響。

＊請讓他知道，你關心他、想對他付出，就像他對待年幼的你付出一樣。

＊請讓他知道，即使他的年邁讓他無法再多做些什麼也不用擔心，因為他就算不做什麼，他的存在對你來說就是一種溫暖、關懷。

＊請讓他知道，當他年邁到什麼也做不了的時候，你會在身旁支持他，就像他在還無法做什麼的年幼的你身旁支持你一樣。

＊做任何事之前，請全面考量可能帶來的各種影響，將他納入你的人生規劃，就像他把年幼的你納入人生規劃一樣。

*請多花一點時間和心力在你重要的人身上。多問問他的想法、看法、分享你們的生活。

*陪伴無價。陪伴他們，就像他們小時候陪伴我們一樣。

面對「老了就沒用了」的思考練習

- 如何看待人會老去這件事情？
- 如何看待親友老去？
- 如何看待自己老去？
- 回顧一生，你最滿意的事情是什麼？這件事如何影響了你？
- 回顧一生，最遺憾的事情是什麼？這件事如何影響了自己？
- 回顧一生，你是如何對待自己的？你又如何看待你對待自己的方式？

・對現在的自己來說，最重要的事情是什麼？接下想要如何過？

面對年老的自我——雷恩的故事後篇

我是雷恩，是個老人。

我不再年輕了，視茫茫而髮蒼蒼。

青壯年期，我努力工作、照顧家庭，扮演好父親、兒子、家人以及工作者的角色。我在工作上曾經歷過各種困難，但最後都有順利解決，與同事間的互動還算不錯。雖然不是每件事情都做到盡善盡美，但整體來說盡力了。

子女告訴我，他們始終記得，我長年因為工作而滿身髒汙的樣子，但他們從來不在意，每每看到或想起那些髒汙，他們就看到了爸爸的辛勞、認真以及負責。是這些髒汙養大了他們、溫暖了他們，為他們樹立了人生最好的典範，在他們人生困頓的時候，激勵了他們，教導他們勇敢面對人生的各種挑戰與關卡、教導他們不輕言放棄。

子女告訴我，很感謝我讓他們有一個沒有後顧之憂、健康的童年，也謝謝我提供了他們這麼多的資源，讓他們可以平安長大，培養出自己的能力，他們已經從我身上學到最重要的事情了。他們已經可以照顧好自己還有家人，這是他們理當承擔的責任與任務，而他們也可以勝任，請我放心。但是在關鍵時刻，他們還是會尋求我的意見與協助。

他們希望我過自己想過的生活，畢竟我已經付出了大半輩子照料家人。

我過得好，他們也會過得好；我過得開心，他們也會覺得開心。他們希望我可以身體健康，一家人彼此陪伴，這就讓他們覺得很幸福了。

回顧我這一生，我對自己、對我的家人還有我的工作負責。檢視我自己還有身邊的人的回饋，我知道我沒有愧對任何人。我也沒有愧對自己。

我很感恩現在我所擁有的一切。我珍惜現在生活的每一天。

總結
找回平靜的心靈

這是最好的年代，也是最壞的年代

英國作家狄更斯（Charles John Huffam Dickens，一八一二～一八七〇年）在一八五九年出版的長篇歷史小說《雙城記》（*A Tale of Two Cities*）中的開頭寫著：「那是最美好的時代，也是最糟糕的時代；那是個睿智的日子，也是個愚昧的日子；那是信心百倍的時期，也是疑慮重重的時期；那是陽光普照的季節，也是黑暗籠罩的季節；那是充滿希望的春天，也是讓人絕望的冬天；**我們面前無所不有，我們面前一無所有**；我們大家都在直升天堂，我們大家都在直下地獄——簡而言之，那個時代和當今這個時代如此相似，因而一些吵嚷不休的權威家也堅持認為，不管它是好是壞，都只能用『最……』來評價它[23]。」

狄更斯所言，不正是我們所面臨的現況嗎？

當代人處在科技文明的巔峰，物質生活享受豐富，網路社群更是讓全世界所有人處於有史以來最緊密連結的狀態，這正是狄更斯所言，「最好的時代」。但同時，我們也處於史上最憂鬱不安的年代，新型的疾病席捲全球多年、全球氣候變遷導致天災頻繁以及環境受到嚴重汙染惡化等，造成生活變動與不可掌控性大增，許多國家處於征戰動亂狀態，在這最好的時代，有許多人流離失所、彷徨失措，儼然也成了「最糟的時代」。

「我們面前無所不有，我們面前一無所有」。

渾沌的當代，到處充斥著難以確認真假的資訊，越來越多的刺激被開發出來，所有的空白幾乎都被填滿，人們的身心與感官無時無刻都在承載、接收這些超量的刺激，不管是影視、電玩、情色、美食等娛樂與物質享受，或是創建社群、激發情緒等源源不絕的活動等，都是二十四小時、夜以繼日、不停歇、無止盡地運作著。當人們以為主宰了大自然，同一時間，卻不自覺變成了自己所創造的機器、自己所生產出源源不絕的刺激的奴隸，不僅破壞了賴以維生的地球環境，也戕害了自己的心智。

我們因此產生了一種集體幻覺，覺得物質享受、個人利益以及生活刺激與活動越多就是越好；效率、成果、資訊也是越多就越好。留白、停滯、靜默等，都成了進步、向前邁進的阻礙。我們認定，只要能夠不停地快轉、快轉，再快轉，就能讓生命變得更富足、更有意義。我們在不知不覺裡，一同跌入了失衡、中毒的漩渦中。「我們大家都在直升天堂，我們大家都在直下地獄……」

就像水是維繫生命所必須，但我們攝取了遠超出生理所需的水分時，會導致血液中電解質被大量排出、流失，進而陷入危及生命的失衡中毒狀態裡。這些生活中處處「多就是好」的現象，正讓當代人不停地流失「自我」，讓身心蹺蹺板長期處在極端中。

人們因此離自己越來越遠，越來越害怕沒有依附在這些刺激上、最單純的「自我」，彷彿「自我」是最沒有價值、乏善可陳的，避之唯恐不及。我們越來越少靜下來，好好地凝視、思考自己，以及自己所處的這個世界，問問自己，究竟什麼才是真正重要的；我們也越來越少停下來面對面、心對心，專注、仔細地聆聽身邊最關心自己、對自己最好的家人、朋友。我們沉溺在「越多越好」「越快越好」的生活方式裡，得到越多，就渴望越多，越潛越深，依賴來越來越深，直到再也無法浮出水面……

一日浮生

要避免陷入這種情形，除了檢視慣用的生活模式對我們的影響，適時調整外，也要豐富自己的視角，幫助自己遠離會毒化日常事件的內在運作：

＊多元化：很多困境往往源自於受限的視野，受限的視野容易讓我們重複執行有害的想法、行為以及活動，持續耗損身心的能量，如

同心理學家馬斯洛所說的：「當你只有錘子這一種工具，很自然的你會把一切外物都當成釘子來對待[*26]。」因此，多元化自己的視野是非常重要的。我們可以藉由閱讀不同種類的書籍或資訊、接觸不同領域的人、參與不同的活動等來擴展自己的視野，豐富自己的身心。

＊凡事設定底線：為自己生活中的各項事物建立底線，可以阻止「過量」所產生的毒害質變危機。不管是基於興趣、喜好而自發進行的活動，或是基於生存不得不的求學、工作等，都要設定時間、心力的底線，以將這些日常事件控制在自己可以承受的範圍內。也要常常提醒自己，不管是任何事情，都要有其限度，不是「越多越好」，以避免自己被任何的想法、行為或活動所綁架，掉入「失控」的漩渦中。

＊建立滋養性的關係：「我們是需要關係的生物。即便如何天縱之才、絕頂聰明，也無法孤獨地活在關係之外[*27]。」身心的匱乏與富

足，都與「關係」脫離不了關係，建立滋養性的關係對我們來說是非常重要的，因此不論生活如何忙碌，一定要反覆提醒自己，要撥出充足的心力與時間，建立與他人的真誠關係。滋養性的關係絕對是人們一生中最初也是最終都賴以維生的珍貴生命力來源。至於要如何建立滋養性的關係？讀者可以參考我的另一本著作《關係物化：那些假愛之名的需要與控制，是否真是我們想要的愛？》（商周出版，二〇二〇年）一書，內有詳細的論述。

＊練習獨處與自我肯定：許多有害的生活模式，其實都是因為我們想要避免獨處以及無法自我肯定而衍伸出來的，只要我們能夠回到自己身上，靜下來好好審視自己存在的處境，就會發現，從某個角度來說，每個人都是孤獨的，也無法避開獨處，而我們的價值，其實往往跟我們怎麼評價、看待自己有重要關聯。當我們能夠接納孤獨，能夠接納自己、做出無愧於內心、能讓自己夠肯定的事情，就會發現，

其實沒必要依賴那些有害的生活運作模式，也能讓自己過得很好。

古羅馬皇帝馬可・奧里略（Marcus Aurelius）的著作《沉思錄》中寫著：「我們全都是一日浮生；記人者與被記者都是，全都只是暫時的，記憶與被憶亦然。等時候到了，你將忘記一切；等時候到了，所有的人也都將忘記你。總要時時記得，不多久，你將一無所是，你將不知所終[*24]。」

唯有回到自己與生命的本質去沉澱，才能幫助我們離開這樣的惡性循環，釐清究竟什麼對自己才是真正重要的。

參考書目

參考書目

註1：《關掉螢幕，拯救青春期大腦：頂尖成癮專家揭發數位科技破壞大腦功能的恐怖真相》，尼可拉斯・卡爾達拉斯（Nicholas Kardaras）著。木馬文化出版，二〇一九年。

註2：社團法人臺灣憂鬱症防治協會 林口長庚醫院精神科 張家銘 醫師 http://www.depression.org.tw/knowledge/info.asp?/64.html

註3：中央研究院網站 https://www.sinica.edu.tw/ch/news/2737

註4：世界衛生組織網站 https://www.who.int/news-room/q-a-detail/addictive-behaviours-gaming-disorder

註5：衛生福利部網站 https://www.mohw.gov.tw/cp-16-43926-1.html

註6：《存在心理治療（上）死亡》，歐文・亞隆（Irvin D. Yalom）著。張老師文化出版，二〇〇三年。

註7：《藥物讓人上癮：酒精、咖啡因、尼古丁、鎮靜劑與毒品如何改變我們的大腦與行為》威爾基・威爾遜，辛西雅・庫恩，史考特・舒瓦茲維德，雷・海瑟・威爾遜，傑瑞米・福斯特（Wilkie Wilson, Cynthia Kuhn, Scott Swartzwelder , Leigh Heather Wilson, Jeremy Foster）著。大家出版，二〇一三年。

註8：《關掉螢幕，孩子大腦重開機：終結壞脾氣、睡得安穩、開啟專注學習腦，4週「電子禁食」愈早開始愈好！》維多利亞・鄧可莉（Victoria L. Dunckley）著。橡實文化，二〇一六年。

註9：《無聊的價值：學會留白，不再愈忙愈空虛，為人生注入樂趣、

靈感與創意！》珊迪・曼恩（Sandi Mann）著。三采出版，二〇一七年。

註10：《路西法效應》菲利普・金巴多（Philip Zimbardo）著。商周出版，二〇〇八年。

註11：Just think: The challenges of the disengaged mind. Science. 2014 Jul 4; 345(6192): 75–77.Timothy D. Wilson, David A. Reinhard, Erin C. Westgate, Daniel T. Gilbert, Nicole Ellerbeck,Cheryl Hahn,Casey L. Brown, and Adi Shaked.

註12：《成癮的大腦：為什麼我們會濫用藥物、酒精及尼古丁》邁克爾・庫赫（Michael Kuhar）著。本事出版社，二〇一八年。

註13：《天然百憂解》喬爾・羅勃、湯姆・蒙特（Joel Robertson、Tom Monte）著。經典傳訊，二〇〇四年。

註14：《遍體鱗傷長大的孩子，會自己恢復正常嗎？：兒童精神科醫師與那些絕望、受傷童年的真實面對面；關係為何不可或缺，

又何以讓人奄奄一息！》布魯斯・D・培理，瑪亞・薩拉維茲（Bruce D. Perry, Maia Szalavitz）著。柿子文化，二〇一八年。

註15：《腦科學權威的最高休息法：11年腦科學實證，8種簡易實踐法，改變生活小習慣，終結疲勞、提升腦力，成為高效工作者》李時炯（Lee Si Hyung）著。高寶，二〇一九年。

註16：《社交天性：人類行為的起點——為什麼大腦天生愛社交？》馬修・利伯曼（Matthew D. Lieberman）著。大牌出版，二〇一九年。

註17：《存在心理治療（下）自由、孤獨、無意義》歐文・亞隆（Irvin D. Yalom）著。張老師文化，二〇〇三年。

註18：《無聊的價值：學會留白，不再愈忙愈空虛，為人生注入樂趣、靈感與創意！》珊迪・曼恩（Sandi Mann）著。三采，二〇一七年。

註19：《凝視太陽：面對死亡恐懼（全新增訂版）》歐文・亞隆（Irvin D. Yalom）著。心靈工坊，二〇一七年。
註20：《權力與無知》羅洛・梅（Rollo May）著。立緒出版，二〇一六年。
註21：《成為一個人》卡爾・羅哲斯（Cral R. Rogers）著。桂冠出版，一九九二年。
註22：《自我的追尋》佛洛姆（Erich Fromm）著。志文出版，二〇〇〇年。
註23：《雙城記》狄更斯（Charles John Huffam Dickens）著。天蠍座製作出版，二〇二一年。
註24：《一日浮生：十個探問生命意義的故事》歐文・亞隆（Irvin D. Yalom）著。心靈工坊，二〇一五年。
註25：《存在與虛無（新版）》尚 - 保羅・沙特（Jean-Paul Sartre）著。左岸文化，二〇一二年。

註26：《生涯諮商與輔導》金樹人著。東華，二〇〇二年。

註27：《關係物化：那些假愛之名的需索與控制，是否真是我們想要的愛？》郭彥余著。商周出版，二〇二〇年。

註28：《死亡與生命手記：關於愛、失落、存在的意義》歐文・亞隆、瑪莉蓮・亞隆（Irvin D. Yalom, Marilyn Yalom）著。心靈工坊，二〇二一年。

Note

國家圖書館出版品預行編目資料

心靈毒物：那些原本滋養我們的,是如何變質成了傷害/郭彥余作. -- 初版. -- 新北市：世茂出版有限公司, 2023.09
面； 公分. -- (心靈叢書；18)
ISBN 978-626-7172-52-0(平裝)

1. CST：心身醫學 2. 心理治療

178.8 112010970

心靈叢書18

心靈毒物：
那些原本滋養我們的，是如何變質成了傷害

作　　者 / 郭彥余
主　　編 / 楊鈺儀
責任編輯 / 陳怡君
封面設計 / 林芷伊
出 版 者 / 世茂出版有限公司
地　　址 / (231)新北市新店區民生路19號5樓
電　　話 / (02)2218-3277
傳　　真 / (02)2218-3239（訂書專線）
劃撥帳號 / 19911841
戶　　名 / 世茂出版有限公司　單次郵購總金額未滿500元（含），請加80元掛號費
世茂官網 / www.coolbooks.com.tw
排版製版 / 辰皓國際出版製作有限公司
印　　刷 / 傳興彩色印刷有限公司
初版一刷 / 2023年9月

I S B N / 978-626-7172-52-0
E I S B N / 9786267172568 (PDF) 9786267172575 (EPUB)
定　　價 / 360元